[日]
稻盛和夫
—
口述

曹岫云 张凯
—
译

稻盛和夫かく語りき

稻盛和夫
如是说

机械工业出版社
China Machine Press

图书在版编目（CIP）数据

稻盛和夫如是说/（日）稻盛和夫口述；曹岫云，张凯译. -- 北京：机械工业出版社，
2022.5（2022.8 重印）
ISBN 978-7-111-70571-0

I.①稻… II.①稻… ②曹… ③张… III.①稻盛和夫 - 访问记 IV.①K833.135.38

中国版本图书馆 CIP 数据核字（2022）第 062488 号

北京市版权局著作权合同登记 图字：01-2022-1449 号。

稻盛和夫如是说

出版发行：机械工业出版社（北京市西城区百万庄大街 22 号 邮政编码：100037）
责任编辑：史维娜
责任校对：殷 虹
印　　刷：北京联兴盛业印刷股份有限公司
版　　次：2022 年 8 月第 1 版第 3 次印刷
开　　本：147mm×210mm 1/32
印　　张：8.375
书　　号：ISBN 978-7-111-70571-0
定　　价：49.00 元

客服电话：（010）88361066 88379833 68326294　　投稿热线：（010）88379007
华章网站：www.hzbook.com　　　　　　　　　　　读者信箱：hzjg@hzbook.com

　　稻盛和夫先生是我非常尊重的一位日本企业家，不仅是因为他企业做得好而且做好了不止一家企业（当然，企业经营是实践科学，作为企业家首先必须把企业经营好，否则谈不上其他），更因为他非常善于思考和总结，提炼出了一整套企业经营管理思想，不仅给出了企业经营管理之术，例如阿米巴模式等，而且给出了企业管理之道，例如敬天爱人等，这是非常非常难得的成就。

　　所谓知其然不难，知其所以然才难，能够知其然且知其所以然，同时形成自己的体系，那绝对是大家了。

　　我们每个人从一出生开始的什么都不懂，到逐渐懂了一些、懂了更多，懂与非懂之间最重要的分界线是，是否建立起了自己的认知体系。

　　人有四个最重要的认知体系，即世界观、价值观、人生观以及万事万物观。人和动物之间最大的差别就是有没有认知能力，人和人之间最大的差距是有没有建立自己的这四个认知体系。

如果有这四个认知体系，就是觉察清醒的人，对这个世界、对根本的是非、对如何度过这一生以及对任何事物都能洞悉其本质，知晓其规律，知道如何去面对和处理。

创业者，是要带领一群未知的人去一个未知的地方完成一件未知事业的人，若没有建立起这四大认知体系，是绝无可能成功的。

建立自己的认知体系最重要的是思考，通过读书等方式学习别人系统性的思想是思考的基础和捷径。很多时候我们长时间苦苦思考而不得的答案可能是别人书中阐述的常识，只有善于继承前人的思想，才能更好地发展自己的认知体系。

稻盛和夫先生是日本的管理大师，提出了很多独到的管理见解，也许有的读者会觉得像敬天爱人、阿米巴模式等都很简单，这就对了，我历来相信真正的真理都是非常简单的，凡是把事情描述得复杂又复杂的，要么是自己并没有理解通透，要么是存心故弄玄虚以获得利益。

有人说，稻盛和夫先生的思想借鉴了很多中国传统文化，这毫不奇怪，因为世界上的真理原本是一致的，所有领悟了真理的人的认知都是一致的，如果有差别，只是因为角度不同，所以表述的方式、场景、对象不同罢了。

本书是历史上日本的重要媒体对稻盛和夫先生一系列专访的汇编，短小精悍，从中可以看到稻盛和夫先生对于很多重大问题和企业案例是如何思考的，以及他的看法是什么。相信通过阅读本书，大家对稻盛和夫先生的经历、为人以及思想体系会有一个独特视角的了解，如果您是创业者，相信本书对您思考建立自己的认知体系一定会有所助力。

佛教中把那些自己觉悟并且掌握了因势利导、因材施教方便法门的成就者称为菩萨，从这个概念上讲，所有伟大的科学家、艺术家、企业家都是现实生活中的菩萨。

他们就像太阳一样，把自己的温暖无差别地照耀到周边每一个角落，距离他们越近越能体会到温暖，所有与他们相识、相交的人都会在某种程度上获得提升。他们对周边的影响不仅仅体现为具体的出手相助，更多的是他们的思想对受众的启示，而能够有幸听闻他们的思

VI

想，绝对是受众的福分。

认真推荐本书。

孙陶然

民革中央经济委员会副主任

北京工商联副主席

拉卡拉、蓝色光标、考拉基金、昆仑学堂创始人

《创业36条军规》《有效管理的5大兵法》

《精进有道》作者

致良知于事事物物，
致良知于经营体系

本书是极为宝贵的历史资料。在长达 50 年的时间里，由"日经"体系内两本杂志的历任总编辑接力采访，准确记录，妥善保存，直至今天整理出版，跨越了半个世纪，可以说极为难得。借助本书，不仅可以一窥稻盛和夫先生这 50 年的思想轨迹，而且可以通过书中呈现的历史事件，以及稻盛先生对其的感想、评论，看到稻盛先生的思想是如何反映到当时的社会现实和他本人的经营实践中的，正可谓"思想照进现实"。

阅读本书内容会发现，其实早在青年时期，稻盛先生就基本构建了以"利他"为核心要素和主要内容的、相当完整的哲学体系，并虔诚地付诸实践。结果，带来了京瓷、KDDI、日航这些企业组织，以及盛和塾、稻盛财团、京都奖这些社会组织和公益事业，乃至几乎所有事业全面而持久的成功。

同样，正因为始终秉持正确的哲学，所以在看待自身以外的世界时，稻盛先生也能够目光如炬，洞穿本质。本书的时间跨度长达半个世纪，内容从研发到管理、从价值观到方法论、从现象界到心灵界，涉及方方面面，但稻盛先生的评论无不见解独到，切中要害。这样的远见卓识贯穿本书的始终："认为缴税很傻的话，企业就很难发展""玩弄权术，事业不会成功""讨好世界，国际化不会成功""善行产生利润""企业无哲学，必然被淘汰""越是精英，越易利己"，等等，都属于一语道破的真知灼见。我认为，稻盛先生之所以能做到这一点，也是因为他始终坚持从利他哲学的角度出发，来看待和理解这个世界。因此，尽管时移世易，风云变幻，稻盛先生始终能抓住事物的本质，看透事物的真相。

更为可贵的是，稻盛先生本人作为构建思想体系的思想家，始终将自己的哲学视为信仰，半个多世纪如一日地坚持实践，即使在取得巨大成功之后，仍然持续修行，而且对自己愈发严格。本书中"防止自己蜕化变质""虽想解释，但'忍'字第一""成功不属于个人"等章节就是与之相关的内容。我认为，这也是稻盛先生能够从成功走向成功，乃至走向圆满的根本原因。

稻盛先生的一生，可以说就是阳明先生所说的"致吾心之良知于事事物物"的一生。从结果来看，稻盛先生事业成功，人生圆满，并让自身所涉及的"事事物物皆得其理"。然而，稻盛先生，以及诸多先贤的教诲良多，问题的关键在于如何在今天这个新时代中加以实践？如何为后人留下指引和启迪？如何对整个人类社会产生正面影响？

当今社会，人类的生存形态已经高度商业化、组织化、科学化、系统化。在当前人类社会的所有组织形态中，企业可以说是最为基础、最为核心、最为重要的形态，其存在方式正在深度影响着每一个个体，影响着整个社会，甚至可能在相当程度上影响人类文明未来的走向。我认为，在稻盛先生良知所致的事事物物中，对于我们当前所处的现代商业社会而言，最具现实意义、普遍意义和历史意义的非阿米巴经营这一划时代的经营手法莫属。但遗憾的是，时至今日，社会上对阿米巴经营仍然误解甚多。本书中，稻盛先生对于阿米巴经营也有颇多论述，这些论述极为关键，有助于消除社会大众对阿米巴经营的误解。

当前社会对阿米巴经营的误解中，最具代表性的有两种：一种是将阿米巴经营单纯视作一种提高效率的方法论，而忽视了阿米巴经营必须以利他哲学为根基，忽略了运用这种方法论时必须具备的"利他"的世界观。这种企业导入阿米巴经营，结果往往就变成一种变相的绩效考核。

这样的企业经营者往往高度理性化、自以为是，以利己的思维、博弈的心态看待企业经营，而且缺乏对自身错误思维方式的觉察。他们往往只强调奋斗而有意无意地忽略诸如"如何正确地奋斗""奋斗的真正目的""如何帮助员工获得幸福"等根本性问题，或者根本不愿意思考这样的问题。

因为这样的经营者导入阿米巴经营，实际上是基于贪图名、利、权的"利己"动机，而其自身又无法认识到这一点，他们的所谓"阿米巴经营"与稻盛先生所说的阿米巴经营完全就是南辕北辙，根本不是一回事，所以不可能获得真正的成功。

稻盛先生在本书中的相关论述，说的就是这种情况，例如："大部分企业恰恰相反，他们对组织进行复杂的切割，反而引起了企业内部的利害对立与冲突，结果是削弱企业的竞争力。这就是现实。"

这样的企业经营者需要从诚意正心、修身齐家入手，提升自己的觉知，切身理解躬行、反省、感谢等要素，成为一个能够感动的人，尝试从修行的角度看待企业经营，努力去除自己的先入观念和错误知见，以空杯的心态重新开始学习企业经营。如果能加入盛和塾，找到学习的榜样，那就更好了。当前的中国盛和塾中，不乏这样的经营者，通过长期学习和相互切磋，他们不仅业绩有很大提升，人生、家庭也受益良多。

另一种对阿米巴经营的误解来自传统意义上的中国经营者，他们讲究温良恭俭让，对缺乏人情味的绩效考核持批判态度，将阿米巴经营视作另一种绩效考核，认为它会破坏企业的和谐氛围而加以拒绝。稻盛先生的下列论述可能就代表了他们的心声："京瓷达成了高收益。但有人说：'如果不做点缺德事，怎么可能达成高收益？'有人就是这么想的。在这些人看来，不剥削劳动者，不强制他们劳动，企业的高收益是不可能实现的。善行产生利润，做好事能使社会富裕。这样的思想他们是不认同的。"

这样的人也可以说完全没有理解阿米巴经营，完全没有理解稻盛先生的哲学思想。这样的经营者需要认真读书，先从"闻思"入手逐步理解阿米巴经营的思想框架和逻辑脉络，有机会的话也应加入盛和塾，与其他经营者成为"同修"，通过反复实践和相互印证来理解稻盛先生世界观和方法论的真意。

阿米巴经营可以说就是"致良知"的产物，是"致良知"这一理念在企业经营体系上的具体呈现。稻盛先生对于企业存在的目的、工作的意义、经营的原理原则、会计处理的原理原则等一般经营者忽略的基本概念均重新展开追问，得出了不同于西方管理学中相应概念的定义，可以说改变了企业的定义。其思想内涵呈现出相信人性本善、追求集体主义、高度肯定劳动、内向心灵关照等强烈的东方文化特征，但其具体呈现，兼具显著的西方哲科思维特征，从客观现象出发、逻辑严密、重视数据、讲求实证等。说得通俗一点，阿米巴经营就是用科学理性的方法来践行利他思想，用极强的逻辑性将"敬天爱人"的精神在企业经营中加以落实，用清晰的数字来"照见"员工的心性。

通常所谓的致良知、行善、施爱等理念，往往偏向于具体的某人、某事、某物，带有强烈的感性色彩，而缺乏科学思维带来的系统性、抽象性和量化分析等内容，导致其不但难以与今天的企业运行融为一体，而且实际效果与初衷往往天差地别，甚至截然相反。

不同于此，阿米巴经营根植于稻盛先生构建的利他哲学，构建在对于企业经营这一概念的全新认知的基础上。企业经营中的那些基本要素，诸如：目标、核算、计划、改善、考核、评价、薪酬、营销、创新、战略等，其内涵和排布方式也就因此发生了重大改变，与西方传统的商业概念产生了巨大区别。从现象上来看，正确导入阿米巴经营的企业往往能兼具两种截然不同的属性于一身：不仅温情脉脉，而且纪律严明；不仅追求全员幸福，而且实现个人发展；不仅强调利他，而且光明正大地追求利润；不仅高福利，而且高效率；不仅感情充沛，而且充满理性。从结果来看，阿米巴经营在实践中能够释放出用既有管理学理论难以解释的巨大能量，本书中提到的日航重建，就是其中的一个明证。

我认为，这一切的根源在于稻盛先生在企业经营的方方面面都以"作为人，何谓正确？"这一问题展开了重新追问，排除一切所谓的"常识"，彻底探求正确的为人之道、治企之道，致良知于企业经营中的"事事物物"，致良知于整个经营体系。因此，整个经营体系也好，这个体系中的所有元素也好，"事事物物皆得其理"。阿米巴经营这套经营体系也因此发挥出常人无法理解的巨大威力。

不管是稻盛先生超过半个世纪的持续成功，还是他对于各种社会现象的真知灼见，乃至集稻盛先生"经营人生之大成"的阿米巴经营，本书涉及的所有内容，从根本而言，都来源于稻盛先生对"心""利他""良知"的正确认知。正所谓"天理即良知"，将内心的良知投射到企业经营的方方面面，企业经营就合乎了天理，就能走上顺畅发展的光明大道。

本书对当今的中国读者有巨大的参考意义。自引入市场经济制度以来，无数中国企业出现又消失，无数企业家闪亮登台又黯然退场。与此相对，稻盛先生在长达半个多世纪的经营历程中任凭风吹雨打，不仅屹立不倒，而且不断提升，甚至年近八旬还能再立新功。其原因何在？我想，沿着本书提供的历史脉络，广大读者可以略窥一斑。

不管环境如何变化，社会如何发展，人的本质不会改变。人类对于真、善、美的追求不会停止。"得人心者得天下"是人类社会永恒的规律，企业界也毫不例外。然而，要真正赢得人心，自古以来只有一条路可走，就是组织领导者本人保持正念，率先垂范，致自身之良知于组织经营中的事事物物。只有这样，组织成员的良知才能被真正唤醒，人性中光明、强大、美好的一面才会持续呈现，事业也就因此获得持久成功。

正可谓：五千年求法，不外无私二字；八万里问道，终究四海一心。感谢稻盛塾长数十年如一日的言传身教，感谢日方出版社历代总编辑的接力采访，感谢机械工业出版社出版本书。祝愿所有读者都能从本书中觅得人生智慧，在生活和工作中加以实践，绽放出生命的光辉。

曹寓刚

2022 年春节于上海

关键在于一把手的自律

《日经BP》是日本最著名的经济杂志，几十年来，采访过日本众多杰出人士。但采访稻盛先生的次数最多，内容最丰富。

而令编者乃至稻盛先生本人惊叹的是，在跨度为半个世纪的采访中，针对各个时期的各种社会热点问题，在稻盛先生的回答和论述中，他的基本理念纹丝不动，一以贯之。

我翻译、编译了稻盛先生25本书，阅读了他从20世纪60年代到21世纪20年代的60年中，多达600多次讲话的文稿。特别是最近10多年来，我利用一切机会向稻盛先生当面请教，在他身边感受他的气息。我深深地感觉到，稻盛先生的利他哲学，像一根红线一样，贯穿了他的人生，贯穿在他的生活、工作和经营的方方面面，当然也包括在他对各个时代的各种问题，包括国际问题的解读之中。

从 20 世纪 70 年代开始，稻盛先生就是日本媒体追逐的话题人物。理由是他过于突出，甚至是过于"离经叛道"。

在松风公司打工时，24 岁的稻盛，在精密陶瓷领域，就有划时代的发明创造。

27 岁（1959 年）白手起家创建的京瓷，持续高收益、高增长，规模不是很大时，股价却在 1975 年荣登日本第一。作为零部件生产厂家，京瓷还跻身过世界五百强。

52 岁（1984 年）从零起步，闯入完全陌生的通信领域，创立日本第二电信（DDI）。第二电信一路高歌猛进，很快进入世界五百强的行列。

52 岁前后，在继续领导京瓷、创建第二电信的同时，还创办盛和塾，创设被称为"亚洲诺贝尔奖"的"京都奖"。数件大事，齐头并进，有条不紊。

58 岁（1990 年）时，在繁忙之余，应邀参与日本政府的行政改革，历时 3 年。

65 岁（1997 年）时出人意外，削发为僧，投身佛门，托钵化缘，街头说法。

78 岁（2010 年）高龄，从企业退休 13 年后再度出山，出任破产重建的日航会长，一年后日航不仅起死回生，而且利润行业内世界第一，并遥遥领先。

更令人称奇的是，在 30 岁前后，稻盛先生就已经相当完整地、非常清晰地建立了他的所谓"哲学"，并注入心血，致力于与全体员工"哲学共有"。

而正是这个哲学和哲学共有，曾受到具有"岛国根性"的日本精英社会的质疑，正如本书一开头编者所说，"对稻盛这个人如何定位，我们媒体人曾经迷惑不定。"

何止迷惑不定，在 20 世纪 80 年代中期，稻盛先生还受到过日本媒体的围攻。

日本有所谓"枪打出头鸟"的风气，加上创建第二电信要动垄断企业某些利益集团的奶酪吧，日本某国会议员公开发难，居然在国会质询政治家时，指责京瓷公司"违反日本武器出口三原则"。这一莫名其妙的指控，被稻盛先生斥责为"流言"。这位政治人物因此恼羞成怒，此时有人提供炮弹，就是京瓷应医生和患者的恳求，在未经批准的情况下，制造了陶瓷人工膝关节供患者使用，虽然效果很好，却被某些人抓住，作为京瓷违法的把柄。于是，媒体紧跟、上纲上线、肆意攻击、连篇累牍、不依不饶，并借此把稻盛先生凝聚人心的利他哲学，贬斥为违背民主自由、蒙骗压榨劳动者的所谓"稻盛教"，冷嘲热讽、口诛笔伐。同时围绕稻盛先生和京瓷公司，各种流言蜚语满天飞，一般大众被蒙在鼓里，致使京瓷的股价一时暴跌了4/5以上。

一时感到痛苦和委屈的稻盛先生在高人的指点下，认识到"灾难消业"的道理，把挫折看作考验，看作磨炼自己心志的机会，在采取了各种善后措施以后，不做任何自我辩护，就一个"忍"字当头，这就是书中所说的"集体冬眠"。

当然，稻盛先生是人不是神，他也有普通人的一面。而京瓷公司作为一个企业，有时也会犯错，鹰有时飞得比鸡还低，但鸡永远飞不到鹰那么高。

"木秀于林，风必摧之"。对于外界的攻击和误解，在巨大的挫折面前，原本斗魂和霸气十足的稻盛先生，此时却选择忍耐，同时，毫不气馁，硬着头皮顶住，不改初衷，一如既往，继续干自己该干的事。这是多么难能可贵的克制精神、自律精神！

然而，对于组织的一把手来说，重大的挫折固然是严峻的考验，成功则是更大更久的考验。与挫折相比，成功的考验更严峻、更难经受得住。一个组织最大的危机，就是领导人因成功而蜕化变质，这样的历史教训不断重复。在本书中，稻盛先生这么说：

"我特别警惕的是，艰苦时这么一路走来，但成功后，在周围人的追捧中，我自己是否逐渐蜕化变质，在自己没有意识到的情况下，堕落下去，丢失了以往的谦虚，变得傲慢起来，奢侈起来。我认为，这一点必须由我自己不断地自戒自勉。""首先是我自己不忘初心，在日常生活中，必须随时提醒自己。""我越是用这一套说服员工，其实也越落实到我自己的身上。换句话说，我自己必须严格自律，这是关键。"

稻盛先生深知，像自己这样创业打天下、光环在身、大权在握，又有威望的人，如果慢慢变质的话，制度就难以约束自己，下属就无法限制自己，除了平时严格自律外，别无他法。

人心有弱点，容易败于环境，输给自身的欲望。权力欲、名誉欲、金钱欲，等等，欲望过度膨胀是万恶之源，组织的领导人需要特别警惕。

人是会傲慢的动物，特别是有本事的人，通过奋斗取得成功，掌握权力以后，在周围人的喝彩声中，在某些人的吹捧声中，在不知不觉中，在自己无意识的状态下，傲慢起来，忘却谦虚，忘记初心。

傲慢是极大的私心，人一旦傲慢，就会蒙蔽自己的良知，对人对事做出错误的判断；就会禁不住自以为是，独断专行，文过饰非，乃至顺我者昌，逆我者亡。即使是原本具备优秀人格和卓越智慧的人物，亦在所难免。这时候，一切制度都形同虚设。而"上有好者，下必甚焉"，上行下效的结果，人心离散，导致组织乃至整个社会道德滑坡。

在谈到2008年发端于美国的金融危机时，稻盛先生说，为了防止这类坏事发生，美国出台了更为严格的法律，为了让人遵守法律又制定了大量的规则，而为了让人遵守这些规则，又会制定其他的规则……但是，不管规则多么严密，机制多么健全，如果不改变人们的价值观，不改变人们的道德观念，结果无非是制定规则和破坏规则的、善与恶的智力竞赛，坏人、坏事仍将层出不穷。

所谓价值观，就是价值判断的基准，是放在利害得失上，还是放在是非善恶上。

所谓道德观念，简单说就是，做人应该做的好事，不做人不应该做的坏事。

我们能做到这一点吗？能！因为"是非之心，人皆有之"，因为"知善知恶是良知"。而良知人人具备，人人俱足，只要把它发扬光大就行。也就是说，是非观念、善恶观念，是人性中本来就有的东西，只是被过度的欲望遮盖了而已。那么，改变人们的道德观念、价值观，或者判断基准，究竟难不难呢？

日航原来是官僚主义、本位主义乃至个人主义的价值观占统治地位，各种坏人、坏事应有尽有，被舆论揶揄为"魔鬼的殿堂"，所以它破产了。稻盛先生来到日航，通过意识改革，就是所谓哲学共有，也就是共有"作为人，何谓正确"的判断基准，仅仅一年，就改变了32 000名干部、员工的基本的价值观。

这是怎么做到的呢？2013年5月在巴西，在与稻盛先生共进早餐时，我向他提出了这个问题。稻盛先生说：

"主要是我让日航的干部、员工感动了。我已经80岁高龄，身为航空业的外行，不取一分报酬，没有私利，原来与日航也没有任何瓜葛，冒着'玷污晚节'的风险，不顾自己的健康，鞭策这把老骨头，全身心投入日航的重建。看到像他们的父亲、爷爷一样年龄的人，为了他们的幸福拼命工作的样子，日航的员工感动了，他们觉得'自己不更加努力可不行啊！'由于日航全体员工团结奋斗，不断改革改进，日航重建才获得了成功。"

一个大集团新来的一把手，用那么简单的思想，在那么短暂的时间内，把那么糟糕的企业，搞得那么成功。这个事实告诉我们什么呢？

可以做各种各样的解释，但关键就是一把手。我想把这归结为"一把手的自律"。

如何自律？在确立并实施"玻璃般透明的经营""双重确认""一一对应"等机制的同时，稻盛先生谈到了自己的3条经验。

1.彻底地谦虚。在本书中，稻盛大段谈论所谓"存在"的哲学。简单说就是，瑜伽哲人在冥想进入深处时，一切感觉都消失，只有"存在"存在着。这时的意识状态是：感觉到自己，乃至森罗万象、一切事物，都是由"只能称之为'存在'的东西"所构成。因此，"稻盛和夫"也不过是"存在"扮演的角色之一而已。换句话说，自己的才能本来就不属于自己，不过是从"存在"处一时借来之物，所以决不能将它私有化，并据此傲慢不逊，否则就会受到"天罚"。这就从哲学的根底处否定了傲慢自大。

2.猛烈地反省。反省是稻盛先生一生的宝贵经验。稻盛先生认为自己不过是一介凡夫，普通人有的烦恼自己都有过；有时也会口吐弱音；有时也禁不住傲慢；有时觉得付出大于收获，自己实在太亏了；有时甚至认为自己"骨子里就是一个懒惰的人"。有一次，他对自己年过80还怒发冲冠、当面叱责某位政治人物一事，进行了猛烈的反省。

为了管理自己的心灵，稻盛先生经常引用英国哲学家詹姆斯·埃伦和印度诗人泰戈尔的诗词来戒勉自己。

而在本书中，他说，从 30 多岁开始，自己就养成了每天反省的习惯，洗脸时对着镜子从嘴里蹦出"神啊，对不起!"这句话。他说，不一定是具体做错了什么，而是在自己没有意识到的地方，一定有错失之处，所以要说对不起。

本书编辑说："如果说稻盛有神格属性的话，那就是反省。"对照世上那些只会指责别人、从不自我反省的大人物，编辑先生这句话很有价值。不过，反过来说，反省自己的言行，坚持正确，改正错误，难道不是我们每个人，特别是领导人可以而且应该采取的态度吗?

3. **由衷地感谢**。在本书将近结尾处，稻盛先生描绘了小时候去深山中"隐蔽念佛"处的情景，在肃穆的气氛中，一位僧人教导他，要随时随地说一声"南无，南无，谢谢!"这句话深入了稻盛的骨髓，他把这句话作为口头禅，实践了一辈子。他甚至把灾难也看作促使自己成长的机会，因而心存感谢。他说："感谢是万能药，感谢不仅把自己引向愉悦的境界，同时，也会让周围的人快乐起来。"他说，时时由衷地表示感谢，这样来培育一颗能够感受到幸福的心。他甚至说，人生最大的幸福，就是能够由衷地说出感谢这句话。

谦虚、反省、感谢这三条就是一把手自律的法门。彻底实践这三条，就能有效抑制欲望的膨胀，防止自己因傲慢而蜕化变质。

对于一把手自律的重要性，我们古圣先贤的说法是："其身正，不令而行；其身不正，虽令不从。"

最后，应该感谢日经 BP 出版社，特别是本书编者北方雅人先生。在本书的前言中，他谈到，突然肆虐的新冠肺炎疫情可能会改变人类社会的走向。他说："今天，我们需要的不是短期有效的处方。作为人，何谓正确？作为人，应该如何度过人生？这才是一切问题的根源。本书按照时间顺序整理了稻盛先生的讲话，只要认真阅读，上述我们所需要的、针对问题的答案，就会在我们面前清晰地呈现出来。"

我觉得，这段话或许可以代表现在日本某些媒体人的灼见。

《稻盛和夫如是说》这本书，处处闪耀着稻盛利他哲学的光辉，许多观点都可展开论述。以上所述，不过是我个人的心得。我认为，为了让我们的企业、我们的社会变得更好，除了必要的制度设计，自上而下，各界各级一把手的自律，是关键中的关键。

曹岫云

2022 年春节

本书收录了整整半个世纪内，即从 20 世纪 70 年代开始至 21 世纪 10 年代为止，对稻盛和夫先生的采访，以及他的独白记述。其内容刊载于《日经商业》《日经总裁》这两本杂志上。

《日经商业》是 1969 年创刊的经济杂志（以前是隔周发行，现在是每周发行）；《日经总裁》于 1984 年创刊，定位是"日经创新"，是面向中小企业的经营杂志，每月一刊。

《日经商业》和《日经总裁》，作为"日本经济新闻集团"的代表性经济、经营杂志，长期以来，一直受到经营者和经营干部的支持与厚爱。有众多企业家在这两本杂志上登台亮相。然而，从采访的次数和刊载的内容来看，最多的就是稻盛先生。

稻盛先生 1959 年创建京瓷（当时称京都陶瓷），在自己这一代，就把京瓷培育成了万亿日元级别的企业。

不仅如此，1984 年创立日本第二电信（现 KDDI），2010年就任破产的日本航空公司的会长，在日航重建中大显身手。有如此众多、如此重要话题的企业家稻盛先生，受到媒体的青睐和追逐，理由是很充足的。

再加上，1983 年，稻盛先生设立了面向年轻经营者的经营塾"盛和塾"（当时为"盛友塾"），每月一次，举办由稻盛先生亲自主持的塾长例会。包括日本国内外，塾生多达 15 000 人。而在 1984 年，他又投入自己的个人财产，成立稻盛财团，开始颁发"京都奖"，每年一次，表彰在科学技术、思想及艺术领域内有杰出贡献的人士。后来，在 1997 年，他又投身佛门，在临济宗妙心寺派的圆福寺剃度出家，托钵化缘。

稻盛先生是声名卓著的经营者，这一点无人质疑。当然，他并非一开始就被公认为著名经营者。

然而，即使是稻盛先生本人，他在读了 20 世纪 70年代对自己的采访内容以后，居然也惊叹当时自己的基本理念，与今天的自己毫无二致，没有任何变化。

有一段时间，对稻盛这个人如何定位，我们媒体人曾经迷惑不定。

本书中刊载的大部分采访记事，都是由上述两本杂志的历代总编辑提出问题，请稻盛先生作答。只要追溯问答的内容，就能明白稻盛先生与时代的关系。

"稻盛式经营"有两大支柱。一是阿米巴经营，它是将组织划分为小集团进行核算的一种管理手法。这种手法容易理解。但还有另一个支柱，就是以人的精神意识为基轴的经营哲学。这个哲学一直很难被外界所理解，有不少人批评它"宗教色彩浓厚"。在泡沫经济破裂前的20世纪七八十年代尤其如此，因为那时候日本经济迅猛发展，似乎不讲求人的精神意识，企业也能发展。

"稻盛式经营"真正被广泛认同，是在20世纪90年代后半期的金融危机之后。在众多传统大企业业绩大幅下滑之际，京瓷一枝独秀，描绘出漂亮的成长轨迹。一直到21世纪头10年，日本企业都倾向于美国式资本主义，在强调股东利益优先、看重企业市值总额的喧嚣中，唯有稻盛先生不予赞同，不愿合流。到后来，雷曼金融危机到来，在又一次众多企业的沉沦哀鸣中，稻盛式经营才获得了高度评价，而其集大成的，就是日航的重建成功。

现在，日本再次迎来了巨大的历史转折点。2020年，新冠肺炎疫情突现，它巨大的传染性震撼了整个世界。经营也好，社会也好，都呈现了与疫情之前迥然不同的景象。这个影响巨大，要完全回到疫情前的世界，恐怕是不可能了。再加上日本已进入了人口减少的时代，过去的常识，已经完全不适用了。

今天，我们需要的不是短期有效的处方。作为人，何谓正确？作为人，应该如何度过人生？这才是一切问题的根源。本书按照时间顺序整理了稻盛先生的讲话，只要认真阅读，上述我们所需要的、针对问题的答案，就会在我们面前清晰地呈现出来。

北方雅人

《日经总裁》总编辑

目录

20 世纪
70 年代

京瓷创立于1959年。依靠在精密陶瓷方面高超的技术能力，企业高速发展，1971年公司上市，销售额逼近100亿日元。

稻盛首次接受《日经商业》总编辑的采访，是在1975年，当时公司的名称还是"京都陶瓷"。接受采访时，公司的股价为3810日元，超越索尼，雄登日本第一。引人注目的经营者——稻盛的发言与众不同、别具一格，他讲的不是战略战术，他将重点放在了领导人以及员工应有的心灵的状态上。

外行才是
技术开发的主角

——最近您推出的人工祖母绿宝石成了热门话题。请说一说开发的原委。

稻盛：我们是做精密陶瓷的，是与矿物质打交道的。研究矿物质的结晶，是这一行的基础技术。使用这项结晶技术，我们正在研发工业用的蓝宝石、红宝石等。

有一次，在国外机场的一家珠宝店里，我偶然看到的祖母绿宝石光彩夺目，一下子就把我的心吸引住了。于是，我就调查了一下，这才知道天然的祖母绿原石资源奇缺。所以6年前我们开始研究，看看能不能做出人工的祖母绿宝石。

后来做出来了，但人们的反应却很冷淡……在精密陶瓷领域，京瓷开发的陶瓷IC封装，占据了以美国为主的全球80%的市场份额。但是，销售宝石需要直接面向一般大众，对于我们来说，这种做法是第一次，没有任何经验。一个不懂时尚流行，不懂款式设计，不懂流通渠道的男人，只是一心想做宝石，即使做出来了，即使做得很好，也不可能卖得好。"你干这事肯定惨败！"京都经济界人士异口同声，都给我泼冷水。

但是，做矿物原石，是我们技术的延伸，我们有自信。不过要将它加工成宝石，设计款式，然后销售，那是另外一个领域的事情，我们不懂，不擅长。我去传统的珠宝行业请教，他们认为人工合成的宝石是赝品。他们说，我这么做是要搅乱天然宝石的市场。反馈回来的都是这种意见。这让我意识到，我们不仅要创造宝石，连市场也得自己创造。我们就这么一路走来。

当初，御木本公司的养殖珍珠刚刚问世时，因为正是天然珍珠的全盛期，所以也受到了市场的抵制。但是，到了今天，说到珍珠，养殖珍珠反而成了主流。现在，人造祖母绿比天然的便宜，有钱人戴便宜的宝石有伤自尊，人会有这种心理。

但是，不久的将来，天然的原石将会枯竭，色泽差、结晶品相差、价格又很高的宝石，人们不会去戴。质量不好的宝石，如果仅仅因为以稀为贵，而高价购买，我认为，这才是值得羞愧的事。

外行孕育新技术

——据传您说过："技术开发必须由外行来做""只要是市场需要的产品，就一定能做出来……"

稻盛：我说要由外行来干，这个外行当然不是一无所知的外行，他们必须具备相关的基础知识。但是，只是一知半解，只是个半吊子专家，那么，事情一开始，他们就会想这想那，冒出各种消极念头。这样的话，即使想干也干不成了。

但是，我不会这样。对于想干的事，我会保持纯粹而强烈的愿望。这样的话，愿望就会进入潜意识。接着，我的行为、我的思考都会围绕潜意识中的愿望而动。相反，只是运用脑细胞，只进行逻辑思考，既想这么干，又想那么干，还怀疑干不成，这样，真的就干不成了。

从这个意义上说，我觉得，不是专家的外行，反而能够持有纯粹的愿望。所以，我才会说开发工作非外行不可。抱着强烈而纯粹的愿望，一切思考和行动都受这种愿望的支配，在这种状态下，我认为，没有开发不出的东西。

公司内进行技术开发时，我是这么做的：比如，我打算做祖母绿时，先确定一个未来的时间点，到时必须完成。因为相信自己的开发能力是不断发展、不断提高的，到时候就能胜任，就能完成。我强调"自己的开发能力，要用未来进行时来把握"。如果不能这么思考问题的话，仅凭现有的技术能力，仅凭现在的这个头脑，就会觉得这也不行，那也不行。必须改变想法，就是说，现在认为不可能的事情，比如用两年时间，在这两年中，想方设法把不可能变为可能。要让员工也这么去思考。

当然，也会有不成功的情况，但不管怎么说，在我们公司，因为现有的技术不行，就否定当下的课题，那是不允许的。到未来的某个时点，研发能力能有多大的提升，要预测，要预见，这是研发工作的第一步。

接着，还有一种能唤来幸运的东西（something）。它不仅与人的头脑和技术有关，还与人的品格有关。虽说神灵平等地播撒幸运，但有的人就是接不住，而能接住幸运的人，就是那种像傻瓜般纯粹而认真的人。因此，我们在招聘员工时，不录用太过聪明的人，我们更看重应聘者的人品。

——所谓持有纯粹而强烈的愿望，这个事情，比起人品来，与意志的关系不是更大吗？

稻盛： 意志当然是重要的，但人格不纯粹、不正直的话，无论说什么，对方都会说做不到，他们更不可能把愿望提升到纯粹而强烈的程度。

认为缴税很傻的话，企业就很难发展

——京瓷从 1959 年成立以来，在如此短的时间内，如此高速发展，您认为秘诀是什么呢？

稻盛： 创办公司时，注册资金是 300 万日元，由朋友个人担保，从银行贷了 1000 万日元作为流动资金。第一年拼命努力，做出了 300 万日元的利润。当时我连会计也不懂，一心想的是不让担保人担忧，所以打算在三年内还清贷款。

但是，没想到税金缴纳了一百几十万日元，加上分红，只剩下约 100 万日元。这样的话，要还清贷款，得花 10 年时间。我大吃一惊，与大家商量，有人就提议，说要不就逃税吧（笑）。

但是，我马上改变了想法，把税金看作本来就应该支付的费用。关键在于如何增加税后利润。这么一想，自己的被害者意识就没有了。如果认为赚的钱一半要拿去缴税就是傻瓜，那么，就只能停留在中小企业的阶段裹足不前了。利润是被拿走一半，但那是费用，剩下的一半可以自由使用。必须把这部分做大。不这样思考问题是不行的。

至于秘诀，我觉得，不可能像下围棋那样，一着定乾坤。只有踏实努力，不断积累。珍惜最初的100万、50万日元。除了一点一点积累之外，别无他法。

另外，因为经营的核心是人，所以与员工之间的人际关系非常重要。通过事业让员工获得幸福，大家达成这一共识，营造众人齐心协力的企业氛围，是第一要紧的。为了让这样的员工汇集一堂，经营者自己必须带头，成为品格优秀的人。

现在我与2200名员工的关系，我认为，不过是创业初期，我们28人之间信赖关系的扩展。当时，我们肩并肩，相互鼓励、相互安慰。

节约从创业时开始

——因为工资待遇好，所以劳资关系也和谐。您认为是这样的吗？

稻盛： 工资待遇不错，不见得一定会和谐。举例来说，有段时间，报纸杂志经常报道，繁盛企业在某个转折点上，业绩下滑。如果待遇一直不错的员工团结一致，觉得业绩不好，少发奖金也无所谓，那就很好。但现实并非如此，一旦企业遇到困难，以前没有过的工会抬头了，公司内部也出现了内讧，结果加速了企业的没落。这样的例子在电子行业中也屡见不鲜。

另外，企业多出利润，人的欲望会无限膨胀，这一点也值得担心。其结果是，有的人会把自己的私生活搞得一团糟。如果利润多，应该多给员工时，可以发放临时奖金，以员工个人名义，给他们存一年的定期。当然员工有解约的自由，但我常说，年轻人手中的钱太多，超过需要，并非好事。

但今年春斗[⊖]时，为了提升公司的国际竞争力，我提议今年涨薪为零。但员工却说："社长，您这样做不合理。业绩好的时候，您没说不能稍微铺张一点，业绩不好的时候，您也没说不涨工资。我们公司不是还有许多内部留存的资金吗？"

"你们说要加工资，那就加吧。像我们这种规模

⊖ 又称"春季生活斗争""春季工作斗争"，是日本工会每年春季组织的为提高工人工资而进行的斗争。

的企业，有个 70 亿～80 亿日元乃至 100 亿日元的
贷款，也不足为怪。但这样，每年就要支付 12 亿～
13 亿日元的贷款利息。不过，我们公司长期累积的内
部留存，一年能从银行获取 14 亿～15 亿日元的存款
利息。这对经营帮助很大。如果大家说要涨工资，那
就涨吧。但是这样做，公司的资金就会短缺，不得不
贷款，贷款就得支付利息，就会给公司经营增加困
难。"我做了这些解释以后，最终，工资没涨，奖金
增加了 13.7%。虽然结果相当于变相涨了工资，但我
觉得，关键是大家能不能达成共识。

——现在，企业都在提倡减人，减少支付的利息，要
节约一张纸、一支铅笔等，贵公司是一开始就有这个
方针吧？

稻盛： 现在才来提倡？节约是理所当然。干企业本
来就要节约，除此之外没有别的。从创业时起，我们
一以贯之。今天再谈这个，我觉得有点可笑。

比如，我们京瓷在京都的总部只有两辆轿车。连
公司的董事都开自己的车。我只有低排量小汽车的驾
照，所以给我配了一台专用车，如此而已。像有的公

司铺张浪费，那种做派我们不喜欢。

防止自己蜕化变质

——像美国那样，合理主义一边倒，我想日本人很难跟得上。这一点，您是怎么看的？应该讲一点人情吧？

稻盛： 这倒是的。我们是很讲人情的。在尊重理性、追求合理主义的同时，我们非常看重人情。今天早上，我还把工会干部请来，商量冬季的奖金事宜，这也是人情。冬季的奖金在夏季就定好了，但结合夏季的实绩，又追加了 0.2 个月的工资。看报纸了解了其他企业的情况后，我又提议再追加 0.3 个月的工资。

但是，我告诉大家，多发的部分不是给大家的辛苦钱，而是因为把我开发的技术卖给了苏联，卖了 13.5 亿日元，多发的奖金是从这里来的。技术开发是非常理性的事，但我也做这种讲人情的事。

以前有一年，我想冻结加薪，有些思想偏激的年轻员工，煽动地方工厂女性员工："我们光棍一条还好，你们都是家庭主妇，不加薪，日子难过吧。"这些员工却说："不！我们听社长的。"那些大学毕业的煽动者顿时哑口无言。

　　这是 16 年间信赖关系不断累积的结果，所以他们不会背叛我。我特别警惕的是，艰苦时这么一直走来，但成功后，在周围人的追捧中，我自己是否逐渐蜕化变质，在自己没意识到的情况下，堕落下去，丢失了以往的谦虚，变得傲慢起来，奢侈起来。我认为，这一点必须由我自己不断地自戒自勉。

股价日本第一，"压力山大"

　　——京瓷的股价升至日本第一，作为当事人，作为经营者，您是怎么考虑的？是自豪呢，还是说谨慎要多一点呢？

　　稻盛：我一直认为，股价高几分，就意味着对股东的责任多几分。仅是这一条，我就感觉好累。京瓷上市时，正好流行溢价发行，赶上了好时机，就以 400 日元的价格溢价发行。东京证券交易 2 部上市时、1 部上市时都采取了同样的做法。股票数量没怎么增加，到手的资金却多了起来。利用这些资金扩大事业，增加收益，每股的收益也水涨船高。采取这种方法促使股价上涨。其实高股价并不是目的，可以说，它只是结果。不过，对京瓷评价很高的人不在少数，所以我觉得我们必须更加努力。当然，我也觉得很荣幸。

——关于员工的意识。股价成了日本第一，员工或许更加激情燃烧，也可能相反，劲头会松弛下来。

稻盛：您说得对，这个问题是存在的。我感觉它是功过参半吧。因此，我认为，决不能忘记初心。为此，就如我刚才所说，首先是我自己不忘初心，在日常生活中，必须随时提醒自己。

格局不大的职业经理人

——日本企业中，所谓职业经理、工薪经营者占压倒性多数。作为创业者的社长，在您看来，职业经理的弱点是什么呢？

稻盛：有很多吧，不过，这些弱点……

——不是批判他们，比如说，您不想学的，是他们的哪些做法，等等。

稻盛：最讨厌的就是傲慢的经营者。特别是地位高升以后，本人也许没有意识到……我非常讨厌。

像我们这种大学毕业的普通技术员，都是从最底层打拼上来的。16年前，我们在街道工厂的一角奋战，那个年代和现今比较，本质上没有任何区别。我们决不会自以为了不起，本人有这种自觉。不过是社会把自己推上这个位置，但人一不留神，就会自我膨胀，变得傲慢不逊。

说到职业经理，大企业居多。我觉得他们的格局太小了。比如说吧，很不体面的是，占着社长的椅子不放，或董事之间互扯后腿，等等。这样丢人的事，听得太多了。为什么呢？因为从董事职位上下来的那一天，专车就没有了。

当董事时，配有司机。之所以配车，是因为每天去挤满员的电车，会影响他们的工作。但是，即使是休息日，他们也会叫上公司的车，去打高尔夫，有时还载着老婆去购物。养成了这样的习惯，6 年过去了，现在一下子辞去董事职位，仅是失去专车，就会多出一笔不小的开支。

霸占专车、霸着董事的位置不肯放手的人，现实中到处都是，这就是蜕化变节了。

骨干干部要得到回报

——这些事情，他们本人有错，这是一方面。另一方面，工资不高也是原因之一吧？

稻盛： 确实有这个原因。大家都在努力工作，应该给予相应的报酬。不过，就中层以下的员工来说，因为我在美国也经营企业，我认为，我们和美国企业之间，薪资已经没有差异。

但是，中等职位以上的，同美国的差距就非常大，这点明确无误。日本这个国家简直接近平均主义。即使如此，抱怨分配不公的声浪还是此起彼伏。所以，如果给中层以上的优秀员工再多付工资，就会更加刺激大众的不平等意识，因此我觉得他们很可怜，不过考虑到大众意识，这也是没有办法的事吧。

但是，现在的这种畸形状态继续下去是不行的。不管怎么说，战后日本的复苏，靠的是经济引领，企业人其实就是日本的领导人。

这样的领导人，如果缺乏正确的伦理观和优秀的哲学，结果会怎样呢？形式上是他们在引领一般大众，但因为无法引发基层的共鸣，一般大众就会背离而去。

（《日经商业》1975 年 12 月 8 日期）

20 世纪
80 年代

1979 年,《日本第一》一书出版,日本成为享誉世界的经济大国。在人人浮躁的风潮中,主张"自我牺牲"这一概念的经营者,当时除了稻盛,别无他人。虽然世人对京瓷这家公司的评价很高,但"只有团结的人心才是财产",理解稻盛这句话的人、真正理解稻盛经营思想的人,还非常之少。1984 年,稻盛创立第二电信,创立前,他扪心自问是否"动机至善、私心了无"。这句话,稻盛后来还经常谈起。

听从灵魂之声，价值观大转变

——迄今为止，稻盛先生作为社长全方位引领京瓷，而现在却当了会长，直接的动机是什么？

稻盛：有三个原因。第一，这个公司原本就是请别人出资创建的，所以创建当初就决定，公司接班人不采用世袭制，而是挑选在公司里吃苦耐劳、真心付出的人。

但是，人年纪大了，就会变得固执，说出与自己年轻时矛盾的话。这种情况我见闻多了。所以我想，要更换社长，让继承者接班的话，还是趁早为好。

第二，时代的变动以 40 年为一个周期吧。我是这么看的：现在正好处在日本人需要大幅度转变哲学，或者说价值观的节骨眼上。"二战"结束时，日本的价值观发生了 180 度的转变，实现了和平，获得了经济的高速发展。而今天的日本，再次来到了一个巨大的拐点。我认为，不能只将目光放在日元升值这种表面现象上。另外，京瓷的海外事业正在扩展，所以我想把日本国内和海外的业务做一个划分。

第三，我一个门外汉，不自量力，挑战通信事业，创建了第二电信。作为"始作俑者"，我必须负责，必须让这家公司成功。所以不得不把时间和精力从京瓷转到第二电信来。

——的确，战后40年累积下来的体系，也应该在各个方面考虑重新组合了，这个时期已经到了。

稻盛：迄今为止，我们一直认为，增加工业生产能力，克服物资短缺，实现国家富强，只要这么做就足够了。但是，走到今天这一步，日本已经相当强大了。现在，世界各国正在要求我们做出相应的自我牺牲。

只计算利润是不对的

——不过，追求效益，难道不是每个企业不得不采取的、合理的行为吗？但这么做，就形成了所谓"合成谬误"，结果是引发了国家整体之间严重的贸易摩擦。要改变这种情况，我觉得，必须从改变经济体系着手。

但要从企业的逻辑上改变，真的行得通吗？我认为，在这里，政治应该发挥很大的作用，但这方面政府行动迟缓，您对此也有不满的情绪吧。

稻盛：我认为，迄今为止，是企业改变了日本经济，所以，接下来，改变价值观，企业人也必须奋勇当先。政治的应对迟缓，虽然让人焦急，不过一贯不都是这样嘛，现在再多说也无济于事。

——但是，企业所处的环境，会允许企业人这样做吗？

稻盛：我认为，企业面临的形势很严峻。但是，目前的应对方法是错误的。一味削减成本，保证 1 美元 = 150 日元的汇率下也能出口，仅仅这么做，事态的严重性反而将进一步加剧，所以，我认为，这不是最终的解决办法。

另外，因为国内生产成本太高，就想把工厂迁到国外，就是只强调效率这一点，这种思维方式迟早会引发摩擦。

我认为，这里需要一种觉悟。经济严重萧条，企业解雇员工，就业稳定就会存在问题。首先，必须忍受这种萧条，互帮互助，分担困苦。只有具备这种意识，才能理解他人的痛苦，萌生对他人的关爱之心。过去只是一味强调努力拼搏，今后要调整努力的方向，把努力用到为他人谋福利上。必须具备佛教倡导的慈悲之心，或基督教倡导的爱。我们需要这样的精神。

虽想解释，但"忍"字第一

——企业能考虑到这一步吗？对于京瓷而言，哪怕其他公司不行了，我们还能努力，为了构建这种机制，第一个采取行动……

稻盛：嗯，这么做，其实是很困难的。不过，京瓷即使到海外生产，也是采取合资的方式，就是同对方合作办厂，兼顾对方的利益，把这一条作为原则。与对方同甘共苦，这种行事方式将越来越重要。

还有，这不是一个能够还是不能够的问题，是严酷的情势强迫我们必须这么做的问题。其实，在日元兑美元达到 1 美元 =160 日元之前，我参加了政治家和经济界的恳谈会。在会上，我这么说："趁现在这个时机，从出口企业的出口额中拿出 5%，成立一项基金，在 ODA（政府开发援助）的框架之外，把它回馈给世界各国。这么做的话，外国人就会很高兴，他们会称赞说：'日本人是具备优秀品格的国民'。"

但是，反应是："这种不靠谱的提议根本行不通。"然而，后来就不是 5% 的问题了，日元被迫升值了足足 40%，导致企业收益大幅下滑，国家税收不足，国库空虚。

——稻盛先生您自身，或者说是京瓷吧，去年也遭遇了相当厉害的逆风，因为人工骨违反药事法，以及无线电话的无证销售等问题，受到了外界的集中攻击。那段时间您一直保持沉默，没有回应，是为什么呢？强有力的领导人缄口不言，让整个京瓷也进入"集体冬眠"的状态。是这样吧？

稻盛：这也是一个很难回答的问题（笑）。

原本我埋头钻研陶瓷烧制品，那是不需要许可、认可的。但后来慢慢引人注目，并开始受人追捧了。不过，我的初心是做一个不被外物制约的自由人，能放开手脚，创新创造。但是，我知道，受褒奖者必遭贬损。所以，我本来就不愿意上媒体。

事情发展到那种地步，我当然也有话要讲。连人格都遭人质疑时，我还是挺想解释的。但我周围的人劝我："当下要的是一个'忍'字。"所以公司就可能给人一种"集体冬眠"的感觉吧。

——虽然发生了那样的事情，但社长的经营理念没有改变，您也不允许改变。

稻盛： 没有任何变化，有关思维方式，不可能改变。

——但是，这件事挺糟糕的，您也有自我检讨吧。

稻盛： 我有我心中的坐标轴，一路走来，我都对照这个坐标轴，努力坚持"作为人何谓正确"的判断基准。但是，在那个领域，我们属于新加入者，对相关法律也不甚了解。于是，自己觉得正确的事情，可能就会和世间的常识与法律产生冲突。

我认为，在开始一项新的事业时，需要慎重再慎重。但是，在开展创造性的工作时，如果过分遵从常识，一味强调慎重的话，势必畏缩胆怯，裹足不前。我这么一说，又会有人批评我离经叛道。我不希望有这样的误解，但矛盾纠结总是存在的。

行走在两边都是峭壁的山脊之上

——那次事件中，对公司内相关责任人有什么处罚，有牺牲者吗？

稻盛： 在人事上做了降级处分。在我们公司里，认为正确而做的事情，最后失败了，哪怕是损失几千万、几个亿，也不会受到追究。所以在那件事上，我是在和当事人充分交谈以后，才给了他处罚。包括对周围的人在内，我这么说："虽然心有不愿，处罚也同我以往的主张不符，但社会反响如此之大，所以要降级哦。"我讲后，当事人也接受了。

——在刮向京瓷的逆风中，京瓷所谓高增长、高利润企业的神话，是否已经夕阳近黄昏了，在业务内容的拓展方面也遇到瓶颈了吧。

稻盛： 有这方面的问题。电子机器和相机我们都做，因为追求多元化，导致力量分散，再加上新进军的领域竞争十分激烈，导致收益性下降。再加上日元升值的不利影响。

第二电信是个大项目，也是困难重重，从举旗参与、成立公司到现在，一路十分艰辛。不过，终于在10月24日，开通了东京到大阪之间的专用线路，突然有了穿越隧道、看见曙光的感觉。

——比起培育新事业，现在稻盛先生对收购企业和风险投资，似乎倾注了更大的热情？

稻盛：这倒没有。不过，对风险企业的教育工作，我正在做。在京都，30名中小企业的经营者，其中二代居多，他们聚在一起，取我的名字，成立了"盛友塾"[⊖]，一年举办四次活动。我把自己的经营经验传授给他们。东京那边，一些年轻的经营者也提出了同样的要求。

今天，我回头去看，一路走来，好像一直走在两边都是悬崖峭壁的、狭窄的山脊之上，因为浓雾弥漫，看不清周围的景象，所以只能看着脚下，一步步行走。回头看时，不禁后背发冷，所过之处，随时都可能掉入深渊。

⊖ 后改为盛和塾。

就是说，因为视野狭窄，所以什么也不想，只顾往前走，待视野开阔之时，才看见了那时是多么危险。

因此，当年轻人向我请教时，我就告诉他们："我的情况就是这样。简直不可思议，好事会迎面而来，条件是需要相应的人品。"

——在迷雾中前行时，指引您前行的路标是什么呢？

稻盛： 我是叩问着自己的灵魂，走到今天的。我出生在乡下，没有什么了不起的经历，人生的齿轮碰巧转到这里罢了。要为社会做贡献，要救助员工，这是我与生俱来的使命，叩问自己的灵魂时，我总会这么想。所以我就背负着这使命，拼命攀登，如此而已。

获得员工认同，需要大义名分

——稻盛先生的思维方式，就是稻盛主义，将整个企业同化了，大家才能团结一致，凝聚合力，使京瓷变得坚强有力，但您不认为，强项同时也连着弱项吗？

稻盛：这一点我并没有多去考虑。因为我认为，只有凝聚的人心才是财产。的确，不管从哪里切下去，都像金太郎糖⊖一样，大家的理念都相同。如果说，只依靠领导人一个人的哲学凝聚合力是一种脆弱，所以要把它搞得支离破碎的话，那么，好不容易凝聚起来的企业的力量，就趋近于零了。

应该把自己的哲学加工成坚韧的圆筒形。但如果有人说这是脆弱，那也是一种人生，只能这么回答了。

——要让员工统一方向、形成合力，激励机制是什么呢？是员工持股及股价上涨带给员工的好处吗？

稻盛：不是的。从孩童时起，我就觉得，直接采用金钱刺激的手段有点肮脏。那么，什么能催生大家的认同感呢？为了引发员工的共鸣，行事必须光明磊落，必须具备大义名分。我越是用这一套说服员工，其实也越落实到我自己的身上。换句话说，我自己必须严格自律，这是关键。

⊖ 一种细长的圆筒形的糖，无论从哪个地方切开，都会看到切面上金太郎的图形。——译者注

在这一点上，我历来坚守不渝。当然会有一部分人反对，也有辞职的人，但大多数员工的评价是："他可不是一个口是心非的家伙！"

（《日经商业》1986 年 11 月 10 日期）

20 世纪
90 年代

泡沫经济破灭，日本企业被迫改革，却找不到方向。针对在日本掀起的、热衷于美国式"实力主义"的风潮，稻盛敲响了警钟："个人主义破坏企业，让员工陷于不幸。"

　　从20世纪70年代开始，稻盛就一以贯之，强调他的伦理观："作为人，应该是怎样的？"在被商界、政界及官僚们纷纷堕落所动摇的日本，他的这种哲学开始显露头角，受到关注。

　　"京瓷是一个宗教集团，缺乏创造性。"对于这种指责，稻盛也开始反击，这种反击很有价值，值得一看。

领导者的意志

和人格驱动员工

讨好世界，

国际化不会成功

——稻盛先生，过去您一直对家族企业的世袭制持批判态度，但最近，您又说，比起那些职业经理，世袭的企二代和企三代好像更努力。就拿京都的企业来说，比如欧姆龙、村田制作所……

稻盛：的确如此。我以前之所以说"企二代不靠谱"，理由是不努力的企二代撞上好运，当上社长，有失公平。并且，第一代很优秀，二代未必也优秀。

但是，这些企二代干起来，出人意料，居然做得不错。从年轻时起，他们被灌输帝王学，一直抱有责任感，这就符合当下的时代需求。上一代留下的影响还很强，这种时候，这一代要做出自己的特色，是非常困难的事。我（创业者）觉得他们比我强。

当然，京瓷没有采用世袭制的打算，不过盛和塾（以年轻的经营者为主组成的经营塾，稻盛任塾长）里也有很多二代经营者，我就是这样勉励他们的。

创造价值的是中小企业经营者

——您发起盛和塾的契机是什么呢？

稻盛： 那是十二年前的事了，有一次和京都年轻的经营者们一起喝酒，大家半开玩笑地说："怎样做才能像京瓷一样，把企业经营得如此出色。你教教我们吧，别只顾自己赚钱啊！""既然如此，那好吧，虽然我很忙，不过反正偶尔也会一起喝一杯，那就利用晚上的时间吧。"

第一次是十几个人听吧。因为一开始大家就兴味十足，于是又持续讲了第二次、第三次。还有带着朋友来听的。其中有大阪的，大阪也希望成立组织。我一高兴就说道："在京都已讲了好几回了，在大阪也讲一次吧。"大阪过后就是滋贺。京瓷有两个工厂在滋贺，我觉得有义务去滋贺讲一讲。紧接着，兵库也发来了邀请……当时，我觉得反正都做了，那就放手做吧（笑）。

——稻盛先生对经济界的活动向来不太热心，对盛和塾却是从心底里愿意倾注精力的。

稻盛： 现在，我虽然担任京都商工会议所的会长一职，但原先对经济界的活动是抵触的。因为在我的意识中，那些活动上都是爱出风头的人，他们是有兴趣才干的，反正我不喜欢。

那为什么我对盛和塾情有独钟呢？可能是因为有想成为"正义之友"的一种情结吧。想帮助中小企业的经营者，想改革社会。我这么说，可能有人会怼道："你这么做，和经济界的活动又有什么区别呢？别摆'正义汉'的架子。"但在我的头脑里，我举办盛和塾的活动，动机是纯粹的，可以与经济界的活动区别开来。

——在现存体制中干得舒舒服服的那帮人，你不想与他们为伍是吗？

稻盛：对盛和塾的各位，我经常这么说："现在这个时代，一个打工人，自己想过好日子，尚且艰难，何况还得养活 5 名或 10 名员工，还有员工的家人。你们的这种担当，值得佩服。"

说到中小企业，世人还看不起。但有比中小企业家更了不起的人吗？学者、政治家和政府官员，他们不都是靠税金过活的吗？缴纳税金、创造实际价值的，最终不就是中小企业的经营者吗？

——盛和塾有哪些活动？

稻盛：首先，我讲一个或一个半小时，结束后，就开恳亲会。大家边喝酒边交谈。我对他们说，恳亲会的前 10 分钟都别过来找我。我自己点一碗乌冬面，用这 10 分钟吃完，然后喝着兑水的烧酒或啤酒，为大家出主意。这样的做法可能对健康不利，不过听到塾生说，由于参加盛和塾，"我的公司发生了翻天覆地的变化"，这时我自己也很受鼓舞，劲头十足。

玩弄权术，事业不会成功

——在有限的时间内，您会给塾生讲些什么呢？

稻盛：我总结了经营原点十二条。我讲话的大部分内容，都包含在这十二条之内。同时，塾生的心灵状态，特别是在想干某件新工作时的动机，我会提醒他们。因为在做决断时，如果内心充满私利私欲，是不会有好结果的。

　　1984 年，在创建第二电信之前，我确定了"降低国民通话费用"这一宗旨。此外，在几个月的时间里，我自问自答：自己是否有私心？确信自己没有私心后，我才决定参与。正因为动机纯粹，后来才能毫不犹豫，果断地开拓事业。这一点是很重要的。商界看似充斥着谋略权术，但真正能够成功的事业，其本质是非常单纯的。

再下来，"要努力啊！"我会反复强调必须努力。"看看我吧。我60多岁了，还到你们这里来，点一碗乌冬面，陪大家到很晚，全力以赴。对自己的公司，你们是否也这么拼呢？"

——日本企业现在有推崇美国式"实力主义"的倾向。但稻盛先生认为，激发员工积极性不能靠金钱，是吗？

稻盛：依靠物质刺激，是没有止境的。还会激起嫉妒心，把人际关系弄糟。在京瓷，某个人成功，会获得表扬，但不会在工资奖金方面给予奖励。

——海外的子公司也是这样做的吗？

稻盛：当然有入乡随俗的地方，但基本是相同的。

京瓷收购了1990年上市的一家电容器厂家，名叫
AVX（南卡罗来纳州）。当时我想，即使在海外，也要
推行我的哲学，所以就把当地的干部集中起来，举办
了学习会。

当时，当地的副社长提前把我著作的英文版发给
公司干部，让他们阅读，写感想。但结果是乱了套。
干部们异口同声，都表示："用这样的哲学来经营企
业，我们接受不了。我们在资本主义社会做事，你说
不能盯着金钱，我们理解不了。"

我到美国后，这位副社长垂头丧气，他说："大家
都反对，现在不适合开学习会，是不是要改变计划？"

但是，我说不用变，我也没太多时间，还是照计
划进行吧。和在日本一样，我拼命向干部们解释，与
他们沟通。

结果，一切太平，两天的讲座，大家都认同了我
的哲学。因为在基督教文化圈内，新教徒不在少数，
他们持有强烈的克己主义的伦理观，不过是金钱刺激
把他们的这种精神掩盖了。大家表示，既然你这种以
精神为依托的哲学，在日本能获得成功，那在美国也
试试吧。

同时，我补充道："改变太剧烈，大家会不适应

吧。所以，美国平均水平的物质激励还是需要的。但是，用金钱来鼓动大家，我不打算这么干。"最终，干部们都很感动。

经营需要思想哲学的共有

——其结果，AVX 怎样了？

稻盛：5 年间，销售额翻了 3 倍，利润翻了 6 倍。我花了 810 亿日元收购了 AVX，当时的汇率是 1 美元＝142 日元。预定 8 月份再次在纽交所上市，按照现在的估算，市值能翻倍，达到 1600 亿日元左右。

——如果没有日元升值影响的话，市值估计能涨 3 倍吧。

稻盛：是的是的。在国外经营企业，子公司还是要服从于总公司的。为了做到这一点，一般的日本企业是靠金钱刺激让子公司服从，但这敌不过信赖和尊敬产生的力量。

最后，他们是出了钱，却没有让人尊敬的自信，所以只能像触碰脓包一样，小心翼翼，生怕对方不高

兴。但是，缺乏思想哲学的共有，经营本来就不成
立。松下电器产业（现 Panasonic）收购 MCA 不成功，
我觉得问题就出在这儿。

——因为像 MCA 这种做软件的公司，人就是唯一的
财产吧。

稻盛：但制造业基本上也一样。说到底还是人品、
人格。作为经营者，如果对方连你说的话都不愿意
听，又何谈日本的全球化，这是不可能的。

无论在欧洲还是亚洲，美国人都喜欢用腕力和权
力让人臣服，这也是一种做法。不过日本人老实，所
以只能靠人品让对方信服。换个说法，唯有以德治企。
当然，即使在美国，也有用这种方法获得成功的企业。

——在国际化进程中，经营的规则不会只归结于一
种，各种各样不同的类型相互竞争。

稻盛：的确如此。"只有我的做法才行！"我从来不
说这种多余的、不知深浅的话。更何况，美国还是很
有深度，很有包容力的。26 年前我在加利福尼亚成立

公司时，实行"大房间主义"，但我到当地公司去，看到许多员工把脚翘在办公桌上，他们强行逼我给他们安排单间。

然后，近在咫尺的惠普公司，办公室就体现了大房间主义。在硅谷的中央，惠普的创始人与员工在同一个大房间内办公。况且，这家特立独行的企业，当时的业绩也是最好的。

——您想过在亚洲也推广稻盛模式吗？

稻盛：详细情况还不能说明，但其实已有人提出，请我把盛和塾开到中国去。在计划经济转向市场经济的过程中，中国正在寻找企业经营者的精神归宿，这是很必要的。现在是中国的关键时期，所以我想尽可能提供帮助。

丰田模式不合适

——丰田汽车也想把自己的思想扎根亚洲，但非常艰苦。

稻盛：关于丰田模式，我没有认真学过，但从感觉上，我不太喜欢它。对于制造来讲，它也许是合理的，但我总感觉，它是以某种牺牲为代价的。它是不是为全人类的幸福而创立的机制呢？

——在个人主义抬头的风潮中，以集体主义为根基的稻盛模式，您觉得今后还行得通吗？京瓷主张连员工的墓地也要放在一起。这是把员工当作"社畜"。这种非难之声响彻耳际。

稻盛：不是我希望要集体主义，企业本身就是集体主义。企业如果崇尚个人主义的话，就会分崩离析，陷员工于不幸。所以出现某种程度的整体主义，集体主义的色彩，这是没办法的事情。如果有人讨厌的话，他有辞职的自由，可以去别的公司。

在京瓷，我要以这种思维方式来经营企业，我是公开宣布的。只要赞同的人聚集在一起就行。墓地问题也一样。因为客观上墓地不足，做不到每人都有一块墓地，公司买一块地方，大家葬在一起就行。当然，这也完全是自愿的。

——集体主义下，会出现比尔·盖茨一样的人物吗？

稻盛：的确，集体主义有利于汇集众人的力量，却难出杰出人才。我们公司虽然是集体主义，但不可思议的是，公司内充满自由豁达、畅所欲言的氛围。

　　大概这种情况只有京瓷才有吧。和年轻的员工喝一杯，讨论争论都可以。所以，有才能的人也能脱颖而出。

——最后一个问题，您会有意识地向松下幸之助先生学习吗？

稻盛： 当然会。在我还不具备足够的人格魅力，还不足以让人信服时，而且当时又是在意外的情况下仓促成立公司，真是烦恼多多。那时的参照基准就是幸之助先生。

——今后您也会把他当作楷模吗？

稻盛： 不会。幸之助先生实行了世袭制，他自己又长时间地掌管企业。我没有他那么执着。为了圆满自己的人生，我想做的事情堆积如山。稍过一段时间，我就会辞掉工作，开始其他方面的学习。

　　　　　　　　　　　（《日经商业》1995 年 8 月 21 日期）

资本主义的

根底处有伦理

善行产生利润

我 27 岁时，在别人的帮助下成立了公司，到现在约 40 年了，真正是一头扎进工作里，心无旁骛。今后剩余的人生不会很长了，所以，我想在充实内心方面，再下些功夫。我经常说些本职工作之外的话，也许是这个原因，所以我才会这么想吧。一个内心不成熟的家伙，总讲些豪言壮语，难免令人讨厌。因此，我想进一步学习。

1996 年 9 月 30 日，在京都商工会议所的定期发布会上，稻盛突然提出要"投身佛门"。加上以前稻盛说过"想要完成自己的哲学"，所以媒体关于"引退""出家"的报道就传开了。不过，后来他又说"不是完全引退或隐遁"，感觉调子又降了下来。

有人说，我的"发言降调了"，其实不是。我的真意是：1997 年是京瓷的董事改选年，所以我想借 65 岁的机会，担任一个类似名誉会长的闲职，不需要天天出勤，比如一周只去公司一两天。这样，我就可以做一些以前一直想做的事。

其中之一就是想学佛教，学佛教的教义，或佛教哲学。还有一点，就是亲身体验寺院的戒律，由此加深对教义或哲学的理解。所以我是真想认真学习。

我和临济宗妙心寺派的圆福寺的西片担雪老师关系亲密，把想法告诉他时，还半开玩笑地问："有没有最简单的方法当上和尚？"虽然我没想把和尚当职业，但我觉得，既然要学的话，最好能取得僧侣的资格。

"据说，净土真宗只要三天就能授予资格。"我这么一说，老师就回答："那可不行，不过可以适当考虑。"我一直就向往戒律严格的禅宗，想取得僧侣的资格。

老师今年70岁左右，一直单身，现在仍坚持素食，就连调味用的、含有鲣鱼丝的食物都不吃。这一点让我特别钦佩。现在他也只吃粥和咸菜，严守戒律。

这时他说，"会长您要不就打一天坐吧"。因为谈过这类话题，所以我才会有上面的发言，现在变成要出家、要隐遁了。

不过，坐禅也有危险之处。如果坐禅和冥想的方式不对，可能会精神错乱，出现幻觉、幻听的现象。印度的瑜伽同样如此，如果没有严格的看管和指导，可能会走火入魔。当事人说自己开悟了，实际是在幻觉、幻听的世界里，自以为开悟而已。用佛教语言来说，就是进入了"魔界"。

所以非常危险。我的目的是：把作为人应该遵循的规则，也就是把正确的为人之道，注入自己的知性和理性之中，用理性来掌控自己，尽可能用理性来抑制本能的抬头。如果可能的话，希望能在晚年圆满自己的人生。

这已经不是开悟了，完全属于理性的范围。宗教真正的奥义是进入开悟的境界，但开悟途中险山耸立，有可能踏入魔境，这是很可怕的。

我想出家，想要取得僧侣的资格，是因为我有一个愿望。比如在读经期间，哪怕一天一次，凝神静气的时间是绝对必要的。如果不把心镇住，情绪就会浮躁，心灵就会粗糙，社会就会不和谐，判断就容易失误。

把心镇住是人生大事。因此，我认为，无论是谁，都应该哪怕一天只花30分钟，用来把心镇住。这就是我想模仿僧侣的目的之一。

一周只去一次公司

京都商工会议所会长一职属于公益性质，所以，我还得再干一段时间。现在我兼任京瓷和第二电信（DDI）的会长，但我想改为名誉会长，不用每天上班，有事要同我商量时，我再出席。京瓷也想一周只去一次。

经营者的个性和领导能力越强，抽身引退就越难。即使头衔改为名誉会长，稻盛身处集团的中心位置，这点仍然没有变化。将京瓷集团逐步委托给一个集体领导的体制，它由各个部门的领导人组成。稻盛自己则成为精神象征，这就是稻盛式引退的美学吧。

外人说，企业的实权仍然掌握在我手里，但其实不是。现在的京瓷，伊藤谦介社长来找我商量事情，每个月顶多也就一次。定期的干部会议，全都由他主持。每月一次的董事会，我虽然出席，但对董事的报告，我不会插嘴，不会否定。

第二电信的话，作为有代表权的会长，我每周平均在公司两天，奥山雄材社长每个月大概有10件事找我商量。我还会出席董事会的全体会议、本部长会议。但后面的事情，就全都交给社长以及下面的人去做了。因为我认为，再由我多嘴、指手画脚已经没有意义了。

培育第二电信，我倾注了 14 年的心血，但我并不执着。DDI 成立当初，我就让公司干部们都持了股，而我自己则一股也不持。从这一点来看，我是尽力想斩断那颗执着之心。

京瓷和第二电信的业绩好，是因为有我的存在，这类报道很多。实际上并非如此。

不过，制定中长期方针、描绘蓝图的是我，所以大方向没错，这点或许是事实。设立第二电信时，我曾说过这样的话："我认为，京瓷在 21 世纪要脱胎换骨，进入全球通信设备厂商的前五。"当时有人反驳："说什么疯话呢，通信设备我们连皮毛都没碰过。"但是，本财年京瓷通信设备事业部的销售额将达到 1700 亿日元，在日本，已经是响当当的通信设备生产商了。

在这个意义上说，公司发展的方向是我定的，但达成目标，取得具体的成果，靠的是以社长为首的公司干部。

第二电信也一样，大的方向由我来定，接着由奥山社长负责实施。比如我说："这样下去，长途电话费会不断下降，竞争越来越激烈。现在线路架好了，在接下来的生死之战中，如何降低费用是关键。"于是奥山社长就制定了"凤凰作战"战略，彻底合理化，削减了经费，做得非常漂亮。

所以尽管长途电话费持续下降，第二电信还是获得了近 600 亿日元的利润。"这次数百亿的利润就要泡汤了！"当别人担心时，他想方设法排除浪费，成功渡过了危机。奥山社长是官员出身，但发想柔软，处事灵活，他经营第二电信，与竞争对手比，可谓光彩夺目。

上述成就，都是社长带领现场员工干出来的，不是我做的。但是你们媒体认为"这是稻盛干的"。所以现场的人怪可怜的。上面有我这个"怪咖"存在，聚光灯都打在我一人身上，而下面踏实做事的人，却没有光照。就是这种感觉。

稻盛式经营的支柱，是"阿米巴经营"和"单位时间附加值"。所谓阿米巴经营，就是在企业内组建像阿米巴一样可以自由伸缩的小组织，通过独立核算，让其相互竞争。而"单位时间附加值"，正如其字面意思，是在不增加劳动时间的前提下提升销售额，或是在销售额没有上升的情况下缩短劳动时间。它是一个经营指标。发挥这二者的功能，企业集团取得了良好的业绩。但是，外界也有批判的声音："用稻盛教对员工洗脑，是过度劳动。"

推行阿米巴经营，目的是大家都对经营负责，都关心经营，从而让员工们都能感受到人生的意义和工作的价值。

与欧美式资本主义不同

从经营者那里发出指示和命令，工人的工作就是执行。我想，这就是欧美式，也就是资本主义社会的经营模式。这种使唤与被使唤的关系，从某种程度上来说，也许效率很高。但其反面，员工们可能会失去对于工作意义和人生价值的感受。这很值得担忧。

因此，我们就把组织划小，让员工持有参与意识。其实，在京瓷，业绩好的话，那是"因为我这么做了，所以业绩才会好"。一万几千名员工都这么想，这已经形成了一种氛围。我认为，像这样，能够把员工的智慧和力量集结起来，是非常重要的。也因此，京瓷才能走到今天这一步。

因为大家都很努力，都做得不错，所以我从不裁员或变相裁员（征集所谓自愿退职等）。因为大家都认真工作，所以公司稳健，业绩优异，没有必要裁员。大家都自觉努力，在平时就避免了人浮于事的现象，因此根本没有必要裁员，没有必要做出这种激烈的、令人痛苦的决定。

逼出创造性的企业风气

"用集体主义否认个体的独立性，因此缺乏创造性；用单位时间附加值这一管理体系束缚员工，以保证经营的效率"——这样的批判确实存在。但偏偏是说这话的人，他们既没来京瓷看过，也没有同我见过面。如果他们来京瓷看看，他们就能明白。

我创建京瓷时，精密陶瓷这一技术并没有那么了不起。电器厂商生产显像管时，需要精密陶瓷做的零件，日本没有企业能够提供，我们做成了。京瓷就是从这里开始，除此之外，当时几乎一无所有。

在后来的技术开发中，也很难招到优秀人才，哪怕是就职困难的时期，愿意来京瓷的大学生，也都是二三流大学出身。聘用这些人来搞技术开发，如果没有一个充满创造性的公司氛围，做出好产品是不可能的。

所以，只要看看我们的产品就会明白，京瓷一路

走来，做的都是别的公司做不成的产品。如果采取的
管理手法是错误的，那么，京瓷达到清水烧作坊那样
的规模，也就到头了吧。

即使是现在，谁都做不了的产品还有很多。比如
陶瓷菜刀、刀具等，虽然也有别的公司开始做了，但
形成规模的只有我们。

再比如汽车领域，为保证尾气排放符合规定，要
控制燃油的喷射，为此要用到加热器，全球各大汽车
厂商都使用我们的产品。

所以，说我们消灭个性，说我们为了保证经营
效率，就使用共同的价值观，把员工当作奴隶一般驱
使。发出这种批评声音的人，应该是对极"左"的
"全共斗时代"⊖恋恋不舍的人吧（笑）。

京瓷达成了高收益。但有人说："如果不做点缺
德事，怎么可能达成高收益？"有人就是这么想的。

在这些人看来，不剥削劳动者，不强制他们劳
动，企业的高收益是不可能实现的。善行产生利润，
做好事能使社会富裕。这样的思想他们是不认同的。

⊖ 全国全共斗是除革马派以外的八派与各大学的全共斗组成的
全国学生统一团体。在 1969 年 1 月的东京大学学潮中开始形
成。——译者注

"人生 80 年，最后的 15 年，就想专注于社会贡献。"为了实践这句诺言，稻盛投入个人财产 200 亿日元，成立稻盛财团，创建"京都奖"。"京都奖"表彰在科学技术、思想与艺术领域有建树的人，这样的活动也可以说就是在实践"利他"。

"求利有道"。前段时间，和住友生命公司的新井正明顾问聊到了住友公司家训中的这句话。正因为丢失了这种精神，为赚钱不择手段，所以才会出现泡沫经济，经济界才会产生腐败。

因此，新井先生出席了京都奖颁奖仪式，他说道："全世界许多优秀人士来到现场，为获奖者祝福。其实这个活动本应是政府主办的。"他还说："我觉得稻盛先生是散财有道。"

其实不做坏事，遵循天道，或者是遵循人道而行的话，获利乃是理所当然，不出利润反倒是不正常的。这和松下幸之助先生之前说的一句话如出一辙。他说："服务客户的成果便是利润。这个利润可以看作自己贡献社会所得的褒奖。"

前段时间，我读了内村鉴三在明治初期写的《代表的日本人》这本书，书中提到二宫尊德这个人，他是一介农民，没有任何学问，却让一个个贫穷的村子富裕了起来。对此，内村鉴三这样描述他："至诚所至，感天动地。"

他披星戴月，一把锄头、一把铁锹，在田间劳作。他督促并鼓励村民，因为在二宫看来，"村落的荒废等同于人心的荒芜"。

所以，只要诚实地循天道而行，天地以及森罗万象，一切都会来协助。也就是说，只要不偏离正道，自然就会获利。不能获利反倒显得奇怪。不相信天道的人，本质上就错了。因为遵循天道而行，所以我们才能生存至今。如果是为大众做贡献，企业也会兴旺不衰。表面上是做同样一件事，但如果脱离天道，或者说偏离了作为人应该遵守的规则，就会遭到外界的批判，事情进展也会磕磕绊绊，甚至搞得一团糟。我认为，应该这样来观察问题。

这正是所谓"求利有道"。我认为，在资本主义、自由经济之中，是存在我们必须遵守的基础的伦理观的。正因为无视这种伦理观，片面强调"自由竞争、资本主义、金钱的逻辑"等，所以企业才会岌岌可危，社会才会变得畸形。而这是不对的。

确实，弱肉强食是存在的，但在社会的根底处，支撑自由经济与资本主义的伦理观是俨然存在的。其实，作为人，构成人类社会所必需的最基本的素质，是人人都有的。

弱肉强食中的严肃真理

估计一直到 21 世纪，管制缓和和行政改革将是两大主要课题。这两项必须得做。的确，弱肉强食的激烈的竞争必将到来，但其中严肃的原理依然存在。当我将此原理用"利他"二字来表达时，马上就有人反驳道："你这不是自由竞争，难道你要给敌人雪中送炭吗？"

并非如此，请看看自然界吧。

自然界就是自由竞争的。去杂草生长的河道旁，可以看到各种各样的植物，它们在路旁任人踩踏，枯萎然后再发芽，它们都很努力。但是，并不是因为想要打倒对方才努力的，大家都不过是为求生而拼命努力。结果，在拼命求生的植物旁边，也会有因为努力不够而枯萎倒下的，不过，这是没有办法的事情。

不存在"要把对方搞垮"的心理，"自己要生存不容易，自然界就是如此严峻，自己必须拼命求生"。而结果是，旁边不够努力的倒下了，这是自然界的法

则。而正因为对不努力者帮忙过头，所以社会才会
扭曲。

　　抱着善意和关爱之心在严酷的社会中求生存，还
是带着恶意在严酷的社会中求生存，二者呈现的社
会状况迥然不同。一种是充满杀机的社会，另一种
是虽有弱肉强食的淘汰的一面，但依然有一种温暖在
流淌。

　　到了我这个年纪，无论是企业还是人物，看了
二三十年就看明白了。以 30 年为一个区间来看的话，
恶是不可能一帆风顺的。有没有脱离为社会奉献的理
念，决定了公司的业绩。

　　用这一尺度去看的话，真相就会呈现，就能看清
楚。"你自身也要反省，稍微改变一下品性如何"，这
一点或许真的应该告诫相关的人士。

　　　　　　　　　　　（《日经商业》1996 年 12 月 23、30 日期）

不要静态评判企业价值

培育创业者是进步的标志

最近我在琢磨，我感觉到，真正的"人物"不是靠教育所能培养的。原本材质好的东西，如果中途弄弯了，可以把它校正。但是，人物是靠教育造就不了的。原来的素质很好，因为环境等造成了缺陷，可以通过教育引导来弥补。但是，如果本来就缺乏相应的素质，只是通过教育灌输知识，是培养不出人物的。这一点，根据至今为止的实际经验，我感触很深。

1983 年，应希望学习稻盛经营的经营者的要求，稻盛成立了"盛和塾"。这是一种尝试，就是将他自己创建风险企业获得成功的经验，传授给后辈。现在包括日本以外的国家地区在内，共有 50 个塾，2500名塾生。而快速发展的软银公司的领军人物孙正义社长，也是热心倾听稻盛讲演的听众之一。

不久前，某报刊登了我对孙先生的建议"请再慎重一点"。对此，从间接渠道听说孙先生是这样回应的："听到了忠告，我会慎重的。"所以我也感觉安心了些。不过后来软银上市，发行股票，以非常低的利息从证券市场拿到了充足的资金。凭借这笔资金，软银收购了美国优秀的企业。合并销售额，以及吸纳了对方业务后的软银总部的销售额都提升了，利润也增加了。通过这种形式，业绩一下子上涨了许多。并且，软银再次融资，又收购其他企业。结果是通过收购不断扩大规模。

孙氏的收购方法符合逻辑，不过……

孙先生的收购方法非常符合逻辑，孙先生本人也是很有逻辑思维的人。不过所谓企业，是有人，才有企业。价值在人，人做事业，创造利润。所以，工作创造利润，捉住那创造利润的、瞬间的、动态的一瞬间，其中有几千亿日元的价值。如果静止去看，它是没有价值的。

问题是必须鼓舞被收购企业员工的士气，让他们感受到工作的价值。因为是董事和员工们拼命努力，才有了公司今天的业绩，只有将这种状况持续下去，企业的价值才能延续。而这需要孙先生来经营管理。

现在的M & A（收购合并）之所以成立，归根结底，是建立在一种假设之上的，这种假设是：美国公司的干部员工听从孙先生的管理，努力工作。实际上，这个问题与松下电器产业收购 MCA，索尼公司收购哥伦比亚影业是一样的。虽然我不太清楚他们花了几千个亿，但问题是，他们真的能够管理好那些个性突出的、颇具艺术家气息的员工吗？如果只是购买过去的电影作品和文献资料，就值这个价格的话，那就好了。

但不是这样，如果是用活的价格买了个活的东西，那就要看自己能不能驾驭好它，这必须严格自问。如果做不到的话，应该马上收手。

希望出现的人物出不来

总的来说，在日本，创业型人才很难出现。即使出现，也是不着调的偏多，他们大胆得惊人。这种人非常危险，也很爱胡来，所以成功的概率非常小。而期待出现的那种踏实认真、心思缜密的人却往往优柔寡断，下不了决心。

人们经常说，想要上位的政治家与我们期待出头的政治家不同。上位的政治家，我们总觉得不大对头，而期待出现的人又不肯现身。这种情况，同创业者一样。

在风险企业的世界里，需要一个援助体系，或者就是社会吧，应该对那些优秀的工薪人员——既具备充分的专业知识，又诚实稳重的人予以支持。比尔·盖茨当年创立微软时，还只是身在西雅图的、一个老实甚至腼腆的人，而这样的人，往往能够持续成功。

但这并不是说，只要成立风险投资公司就可以了，而是要营造一种社会风气，让那些性格沉静的人想干时就可以创业。政界也同样，不是本人想要，而是人们希望的政治家能够出头。构建这样的政治环境与营造创业的社会氛围，我感觉是同一件事。而这也许就是社会进步的晴雨表了。

京瓷的发源地京都府，为什么具备个性的风险企业特别多？村田制作所、堀场制作所、罗姆等优秀企业比比皆是。有关京都企业发展的理由，长期以来有各种各样的说法，比如"企业理念明确""官产学团结一致""具备革新的土壤"等。可以列举许多因素。

我觉得京都有某种力量，虽然无法清晰地说明它，但这种力量与其说是风土，不如说是人。这不只限于京都吧。比如，明治维新的参与者中，鹿儿岛人居多，但他们全都生活在加治屋这个方圆不足1千米的地方。我认为，那里一定有影响他们的先辈。受先辈的熏陶，才会出现英雄辈出的现象。

京都有创造了高收益的人。村田制作所的创始人村田昭先生，就是一个高手，做事干脆利落。因为看见这样的榜样，所以华歌尔、欧姆龙也觉得创造高收益乃是理所当然的事。如果利润率只有百分之几，都会觉得没脸抬头。这种想法在不知不觉中成形，还想着要超越，于是高收益企业就诞生了，如此而已。

持有特殊技术的特殊的人物创造了高收益，大家都敬而生畏："不是那样特殊的人物做不了那样的事。"但是，如果是他附近的人，就会想"什么！那大叔能做的话，我也可以啊"。我觉得，这就是高收益企业扎堆的理由吧。

人才在某个地方群生扎堆的现象确实存在。让我意识到这一点的，是浜松⊖这个地方，它是本田技研工业所在地。思考一下的话，在浜松开自行车店的大叔本田宗一郎先生，从战后的废墟中捡了一个很小的发动机，把它装到自行车上，制作了一辆机器脚踏车。

⊖ 现为浜松市。——译者注

后来，怀着梦想造出了梦想号摩托车等产品，一举成功。

站在远处的人看本田宗一郎先生，他就是一个神话，高不可攀。"他行，可我们不行。"但是，在他附近的人就不一样了："没有学问，什么都没有的大叔都行，我们公司有一流大学的毕业生，干这事不是小菜一碟嘛。"这么一来，优秀企业就扎堆了。

1984 年，稻盛创立第二电信，挑战通信事业。面对巨型企业日本电信电话（NTT）这个对手，稻盛发挥"稻盛经营"的手腕，第二电信迅速成长。不过，在表面光鲜的背后，稻盛一定也吃了很多苦。

日本的通信行业，无论 NTT 拆分也好，不拆分也好，由于即将到来的国际竞争，通话费用势必下降至国际上一般的价格。这一呼声已经响起。但其中遗漏了一点，就是忽略了社会正义这一观点。我们参与长途电话业务，就是为了与拆分出来的 NTT 的长途电话部门竞争。正因为这个理由，第二电信才被批准成立。

事业赶紧开始。将短途的本地网和长途一体运行的 NTT 作为竞争对手，十几年下来，我们历尽辛酸，难以言表。NTT 肆意妄行，根本不把我们放在眼中。

尽管如此，但既然作为新电信公司加入了这场竞争，就必须拿出成果。此后，因为竞争价格下降，3分钟 400 日元的通话费降到了 100 日元，一下子下降了 3/4，这就为社会做出了巨大的贡献。

然而，在这个过程中，因为 NTT 是短途、长途一体运行，所以他们声称："你们听好了。我们的长途业务赚钱，因此降价；但本地短途亏损，所以得涨价。"新电信如果不接入本地网，事业就无法成立。对此，NTT 提出："本不想让你们接入本地网，现在可以，不过得付钱。"

接续费用的多少是由 NTT 决定的，一切都不予公开。自由竞争本是社会进步的开始，但 NTT 采取否定的态度，这不是很奇怪吗？不过，如果 NTT 自己的长途电话也是以同样的条件接入 NTT 本地网的话，那么不管 NTT 提出多么刁钻的要求，我也毫无怨言。但 NTT 只给自己走后门，对新电信实行差别化加以歧视，这样公然违反社会正义，未免太过分了吧。

NTT 的态度完全没有改变。的确，现在表面上看似公开了接续费的金额，但它还是官僚体制，因为它那班人的观念与一般常识是完全脱离的。

不过，我虽然提倡拆分，但这和邮政省的想法也有不同。我不是邮政省派出的间谍，我是从社会正义的角度提出请他们拆分，压根儿就没有为邮政省退休官员争取闲职的意思。事情已经到这个地步，我觉得应该做决断了。

最近，包括 AT&T 在内，美国通信公司之间的整合之风也刮起来了。德国电信和法国电信等依然处于垄断地位，英国电信也同样如此。于是就有人说拆分之类已经晚了一步，这种说法就是完全搞不清状况的胡乱发言。

在美国，有"巨型企业必作恶"的共识。因此，依据垄断禁止法进行拆分。将长途业务与本地业务拆分开来，AT&T 的本地业务被分为七家小贝尔公司，让其相互竞争。这次修订法律，这七家小贝尔公司可以进行合并，也可以参与长途电话业务。拆分变小后，有了可以竞争的条件，所以自由了。如果要求大同而再次合并，又变为原先的 AT&T 公司的话，就又会面临拆分。"拆分就是失败，所以又开始整合"，日本有人这么说。这简直是胡说八道。

在日本，销售额高达 7 万亿日元的本地网被垄断，长途电话也接近于垄断，这样的 NTT 存在，明明在作恶，却反咬一口，扬言："为了国家利益，拆分简直荒唐。"

但是，我的逻辑是理想状态下的自由经济、自由竞争理论，在日本会怎样不得而知。我感觉到，桥本（龙太郎）首相出于"国家利益拥护论"，可能会让NTT尽快参与到国际竞争中，不过这样一来，新电信的定位是什么？这个问题就会出现。

如果真那样的话，也没办法，只好请一个非常公正的第三方机构，由它们来制定接续费用的规则，避免垄断型企业肆意妄为。

不过，只靠正确的议论还不够，如果无法如愿的话，公司该如何活下去？我不断进行各方面的思考。方法之一，是寻求技术上的突破，我正在参与对铱星的探讨。

在1997年，全球的通信公司可能会携手合作，可能有许多大事会发生。我认为，一旦开始，变动可能非常剧烈。

稻盛提出要"改造社会"，同时又担任京都商工会议所的会长，以及日本商工会议所的副会长之公职，正因为如此，我们能感受到稻盛对于"国家"的忧虑加倍于人。最近，以厚生省（现厚生劳动省）为首的官僚腐败问题不断浮出水面，人们对政府以及日本的未来感到担忧。

如今的官僚腐败，不只是厚生省的问题。我觉得我们民间也有责任。在和政府官员打交道时，程度不同，我们也有良心麻痹的情况，有的人还会逐步升级，以致丧失道德。

民间也要重拾伦理

在经济界的一些人，无论是引发泡沫经济破裂的证券、金融还是不动产行业，他们的所作所为全都违背基本常识，让人大跌眼镜。并且，他们几乎整齐划一，同时丧失了道德观、伦理观。所以，作为人，要有最低限度，对于可以做和不可以做的事情，应该重新构筑界限。不只是政府官员的问题，作为人，首先应该确立必须遵守的道德底线。

迄今为止承担道德教育使命的宗教，人们已经不再相信了。因此很不幸，承载道德的母体已经消失了。

战前，伦理、道德是有的，但是，国家和执政者为了自己的私利，滥用伦理道德，结果导致人们对伦理道德本身产生反感。正因为如此，在战后 50 年的今天，应该抓住这个机会，再次确立我们作为人，在最低限度上应该遵守的道德规范。在展开这方面工作的同时，推进行政改革、管制缓和，以及官僚机构的大变革。接下来就是政治改革。

另外，在我们经济界总是讲一些莫名其妙意见的人也该隐退了。至今为止，都是根据资历和企业的级别来决定发言权，而我们对此也保持沉默。

但是今后，当那些没有见识、没有明确哲学的人，再用评论家的口气大放厥词时，年轻人能够毫无顾忌地批评说："你要是成了政界或商界的领袖，那就糟了。"我想，这样的时代会到来，而且非到来不可。

（《日经商业》1997 年 1 月 6 日期）

21 世纪
头 10 年

本以为在金融危机后的 IT 泡沫中能够重新站立、恢复生机的日本企业，因为雷曼危机再次陷入停滞。然而，压而不倒、巍然屹立的著名企业家稻盛，他一以贯之，不断强调领导人的"人格"，在股东资本主义走向极端的风潮下，稻盛的发言独具一格，惊世骇俗，他在东京证券交易所主办的演讲会上的讲话，就是一个象征。当时，活力门事件引发了社会的动荡，面对上市企业的经营者，稻盛公开提出领导人必须抑制私利私欲。面对中国的崛起，日本该何去何从。稻盛的发言为迷茫的经营者投下一束光明。

理念与斗争心兼备

——企业的业绩开始复苏，京瓷的业绩良好。而同时，三菱汽车以及处于经营重建途中的嘉娜宝等老牌企业的颓势分外醒目。世间常有"企业寿命三十年"的说法，企业能否突破自身成长的上限，您觉得影响的因素有哪些？

稻盛：我觉得企业的发展还是有上限的。虽然经营者本人希望企业永续发展，但企业变大以后，成长就会停滞，进而衰退，这是自然的法则。至于这个上限，是销售额 5000 亿日元，还是 10 000 亿日元，这点我不清楚，但成长总会钝化，或早或晚企业都会走上衰退之路。

不过，到那时候，不同企业间的差异就会显现。这种差异体现在经营者的思想，或者说是企业风气、企业文化方面。也就是说，企业哲学的不同，会带来企业之间的差异。

——也就是所谓的经营理念吗？

稻盛： 是的。我年轻时艰辛创业，当时公司很小，我总是抱着深刻的危机感，担心不知何时公司会破产，或许会让员工露宿街头。虽然我不断对员工诉说："要把公司做好，要让大家幸福。"但我的内心还是充满不安。而正是这种危机感转为动力，促使我拼命努力。

经营者都是很努力的，但结果不同。我认为，其中存在着某种规律。比如说，在经营、判断的时候，如果违背了自然的法则，就不可能顺利。如果坚持正确的为人之道，遵守社会规范，社会就会支持，企业就可存续；相反，为了眼前利益不择手段，突出企业的利己主义，就得不到社会的认可。企业要想长久发展，这一点是基本。

的确，善用战术、聪明机智的经营者或许能够取得一时的成功，但如果脱离社会的规范，企业不可能存续。在资本主义社会中，虽然存在弱肉强食的一面，但实际上，拼命努力地遵守社会规范的企业会存续，脱离社会规范的企业则被淘汰。我认为，这一"适者生存"的法则是存在的。京瓷至今还在顺利发展的事实，我想可以证明我的上述观点是正确的。

舞弊丑闻反映企业哲学的缺失

——再深究下去的话，就关系到公司为何存在这一根本性的问题了。

稻盛： 最近，有不少企业因舞弊丑闻导致经营恶化。因此，企业有没有明确的经营哲学，公司内部的员工能不能实践这个哲学，并互相确认这个哲学有没有认真贯彻，是很重要的。

21 年前，我在参与通信事业时，也曾反反复复地叩问自己"究竟为什么要参与，参与的动机是什么"，不断地自我确认。当时 NTT 的长途电话业务与本地业务依然一体运行，它在内部没有改革的情况下被民营化，但其巨大的垄断地位依然纹丝不动，它是在扭曲的市场状态下被拖入竞争的。而我创建第二电信（DDI）的目的很纯粹，就是因为日本的通话费用高得离谱，无论如何要把它降下去，就这一个念头。

但是，看到这是一个商机的，有以旧国铁等大资本作为武器、参与竞争的其他公司，但它们在后来的企业重组中，都退出了历史舞台。旧国铁出资的日本电信被迫出售，并入软银旗下。虽然当时有很多企业参与这个通信事业，但现在留下来，能与 NTT 对抗的只有以当时最弱小的 DDI 为母体的 KDDI 公司。

单单是出于野心和奢望、为了盈利才进军通信事业呢，还是为了向垄断企业正面挑战，无论如何也要降低国民的通话费用呢？这样的理念之差，我认为，对于企业能否长期存续，影响是重大的。

——从这个意义上讲，抓住世人的需求，为社会做贡献，因此无论如何都要让新事业成功，经营者这种强烈的意志就变得非常重要。这就是所谓的斗争心吧。

稻盛：的确如此。赤手空拳创建的 DDI，随时都有可能让员工流落街头，这种危机感点燃了我的斗争心。当时真是不分昼夜地干，连花时间睡觉都觉得可惜，但我没有任何痛苦的感觉。我认为，缺乏正面意义上的斗争心的人，不适合当经营者，这样的人只能让员工陷于不幸。缺乏不屈不挠的精神，就胜任不了经营者的职务。

无论多么激烈的体育比赛，都需要不亚于任何人的、强烈的斗争心。比如格斗等剧烈的赛事，只要精神上稍有疏忽，或稍有怠意，就会全盘皆输。经营与此相同。

女性内藏的斗争心有时是不得了的。所以我也劝女性经营者们只要把那份斗争心发挥出来就行。女性在家里就是挺厉害的嘛（笑）。

——京瓷除了陶瓷这个创业产品之外，也积极追求多元化，比如生产复印机和相机等。随着企业规模的不断扩大，执掌经营之舵会变得越来越困难，您会注意哪些地方呢？

稻盛：企业在发展过程中，一般人都认为应该对事业进行"选择与集中"。但是我认为，企业要发展，归根结底，多元化是必需条件。当然，多元化会导致企业力量分散，经营上将非常困难，风险也会变大。但是在困难处不能突破，不能取得成功，企业就无法成长，所以不管有什么困难和风险，我一直走在多元化的道路上。

实际上，我从年轻时起就一直把嘉娜宝的多元化当作反面教材。在"五边形经营"的旗号下，嘉娜宝从棉纺织拓展到化纤、医药品、食品、化妆品等领域，利用它的经营资源和技术，进行横向拓展。开始时我也认为，企业发展就应该是这样的。

但是，在关键的核算上，嘉娜宝的收益没有提升，这就很成问题。乍一看，表面上企业风风光光很气派，其实非常危险，这样的多元化就毫无意义。京瓷也进军了很多领域，但一旦进展不顺利，就马上撤退。因为越是多元化，风险就越大，所以需要分外注意。

有这么一件事。有一个从风险企业发展起来的大企业的社长，他的多元化事业一直亏损，但这位社长这么说："我们的主要产品是盈利的，所以没问题。相反，局部的亏损能给公司带来紧张感，是好事。"这种说法简直可笑。凭个人兴趣搞多元化，是会把公司带入危机的。必须拼命努力，确保所有事业、所有产品都盈利。容忍亏损是不对的。

——从京都的街道工厂起步的京瓷，现在集团的全球员工人数已超过 57 000 人，如此众多的员工之间的一体感，您是如何维持的呢？

稻盛： 当组织尚小的时候，只要领导人能干又认真，

就能带领公司前进。但是，在实践中我感觉到，随着
公司规模变大，如果还是依赖领导者一个人的话，因
为领导者顾不过来，无法看清公司各方面的状况，很
难对各种问题不断做出正确的判断，企业就会衰退。
所以，培养能够管理各自部门的领导人，是很重要
的。我想到的首先就是这一点。

京瓷还是中小企业时，因为可以依靠的部下还
比较少，我就半开玩笑地说："我要是孙悟空的话，
吹一下毛就能变出 5 个或 10 个自己，那该多好啊。"
（笑）当然，现在，可以代替我管理各个部门的领导
人，已经培养出了许多。

还有一点，各级领导人固然重要，但包括基层员
工在内，如果大家都能像我一样行动的话，那事业成
功就更有把握了。于是，我提出了将组织划分为小单
位进行核算管理的"阿米巴经营"，同时编制了作为
员工行动基准的"京瓷哲学"。

京瓷集团的合并销售额现在已经超过 1 万亿日
元，但每位员工仍能保持旺盛的工作热情，企业税前
利润率仍能维持在两位数，我想这就是成果。这是因
为连最基层的阿姨级别的作业员，都把公司看成是自
己的公司，都以主人翁态度积极投入每一天的工作。

稳定最重要

——日本企业的状态在最近几年发生了很大的变化，可以举出的主要原因，就是股东的分量增加得格外明显。股东的资本使用效率高不高、分红多不多，大家都关注这些。我觉得，这些想法与稻盛先生您倡导的经营者的伦理，是直接背离的，您觉得呢？

稻盛：观测企业的眼光，以及衡量企业的尺度，随着时代的变迁逐步变化。我觉得，在企业经营上，一味迎合社会潮流，本身就是一个很大的问题。

在资本主义社会里，一般认为，企业是股东的所有物。不过近来，不说是所有的股东吧，一般的投资家经常用投机的眼光看问题。在评价企业的收益性时，以前多用 PER（市盈率）的指标，而最近又都倾向于看 ROE（股东净资产收益率），或短期投资的收益效果等。

京瓷是从中小企业起步的，从来没有说过股东利益第一。我们揭示的企业目的是："实现员工物心两方面的幸福，为社会做贡献。"即使京瓷在纽约证券交易所上市以后，这个目的也没有丝毫改变。我认为，员工物心充实，努力工作，创造企业的高收益，对股东也有益，利益会回馈股东。如果为了股东而让员工痛苦的话，从长远来看，企业是很难持续的，那不是本末倒置吗？

为了经营能够稳定，我一直提倡"现金流经营"，重视现金，重视企业的内部留存。这个经营原则曾经广受欢迎，但在最近，却有偏离的感觉。比如，如果以 ROE 为衡量标准的话，京瓷的内部留存越多，对京瓷的评价就越低。投资家们说，要减少内部留存，尽可能地把资金都拿去投资，最大限度地有效利用这些资金来盈利。的确，在投资那一刻也许看起来不错，但这种做法与经营的稳定性背道而驰。一边要求企业必须永远发展，一边投资家们却追求短期利益，忽视企业的长久性。这不是很奇怪吗？

哪怕这样的现象已成社会风潮，它也是愚蠢无比的。那些成立不久的证券公司的人，他们无论从哪种角度做什么解释，无论说得多么天花乱坠，我们都不必理睬他们。没有必要改变的事情就不要改变，即使因此对我们的评价下降也没关系。在公司内部，我就是这么说的。我认为，公司有这么多的员工，稳定性是其他任何东西都无法替代的重要的要素。

——刚才的谈话中提到了培养领导人的重要性。最近的日本，无论是政治还是职业棒球队的经营，我感觉领导力好像都在变弱。

稻盛：不管是政治还是职业棒球，领导人的资质指的不仅是能力出众这一面，比起能力，我认为，领导人的人品、人格，这类素质今后将会占有更大的比重。

成为领导者的人，必须是一流人物，即具备无私之心，随时能够将自己归零的人。认为自己最重要，这样的人不能成为领导者。领导人必须是为了组织甘愿自我牺牲的人。在欧洲的贵族社会中有"贵族义务"（伴随高身份的义务）这个词。我认为，这个义务便是无私之心。

我崇拜西乡隆盛。日本的政治需要西乡这样的人，不要名誉、不要地位、不要金钱。如果不是这样的人，就不能将政事委托给他。这样的人实在是太少了啊，在战后的日本。

无私者才能当领导

——那是什么原因呢？

稻盛： 这样的人物具有作为人最高的价值——这种社会评价标准现在却消失了，这就是原因吧。这样的领导人没有了，不再受重视了。本来，有言道："武士吃不上饭，也要摆出吃饱的样子。"当然谁都有欲望（笑）。然而，哪怕是硬忍着也行。能够极度忍耐、能够抑制自己欲望的人，本应该放在领导人的位置上，而没有这么做，这才是问题的核心。我感觉到，社会的混乱、组织的混乱，是缺乏这种领导人时，产生的现象。

考虑问题时，能够将自己、将自己的公司置之度外，这样的人，在行业或团队之间，他的意见也会通行无阻。如果只考虑自己的团队，那么各个球队的意见就无法统一。政治家也一样，为了捍卫自己的权力宝座，讨好国民，净说些让国民感到意外的漂亮话，或借出卖国家来守住权位。这是荒唐的，是最可耻的行为。当然，媒体人也有责任。这种低俗的人，应该受到谴责，受到弹劾。

——刚才您说企业的发展迟早会停滞，如果过分强调这一点的话，会不会对工作现场有什么消极影响呢（笑）？

稻盛： 不，不会的。因为大家都理解这一点，所以才拼命努力。尽了最大的努力，但结果只能达到这个水平，那也没办法。我想公司的经营层也是懂得这个道理的。

在我的老家鹿儿岛有一首名为《串木野俗谣》的民谣。其中有一节内容是："落魄拭泪时，方知人心奥秘。拜朝阳者有，拜夕阳者无。"它的意思是：自己风光时，大家都来奉承，但落魄时，谁都不愿搭理。

企业的成长或许会在某个时点停滞，但这也是没办法的事。在知道这一点的基础上，尽情地、彻底地发展吧。重要的是，当你觉得如今的规模已经足够了，在那一瞬，企业的成长就停止了。

——稻盛先生您现在依然非常繁忙，您觉得还要花几年时间，才可以把您想做的事全部做完呢？

稻盛：不，不，我已经没什么剩下的事要做了。哪怕今天或明天死去也没关系。因为我觉得只要每天心灵安宁就足够了（笑）。

——想象一下，假如您离开京瓷的话，有没有什么事要交代的？

稻盛：以前，我给公司的后辈们只留过一句遗言——碰到难以决断的问题时，就想一想："假如稻盛名誉会长还活着的话，面对这个局面，他会怎么说？在做某项决断的时候，一定要放进这样一个缓冲。"在做出结论之前，再一次连上那个思考路径的话，你也许会感到意外，也许会对自己说："你，是个笨蛋吗？"但现在，因为以伊藤（谦介）会长为首，京瓷内部正在有组织地、努力地向员工传递我的思想。我觉得那样做也挺好的。

不过，就是现在，有年轻干部来找我商量事情时，如果所谈内容过于离谱，我还是会发怒的："没有脑子吗？你！"（笑）。到今天，我仍然会认真思考，一本正经，可能就是这个原因吧，最近大家好像都不来找我了（笑）。

（《日经商业》2004 年 9 月 27 日期）

大将一马当先，高呼『跟我冲！』

——稻盛先生您说过，日本人本来是非常勤勉的，但一旦驾轻就熟、一旦成功后，就会有骄傲自满的毛病。

稻盛：傅高义先生的《日本第一》这本书是 1979 年问世的。当时日本企业强悍有力，连美国的企业也不放在眼里。

傅高义先生采用"日本第一"这样的表达方式，在美国的有识之士看来，这是为美国的经营者敲起了警钟，非常之好。而"日本的经营者读了这本书，很可能心生傲慢，翘起尾巴"。曾有人这么警告过日本人。

这个警告果然灵验，日本许多经营者沉醉于成功的体验之中，骄傲自大起来，忘记了初心，懈怠了经营。接着，便进入泡沫经济阶段，泡沫破裂，跌入了十八层地狱。

看现在这个时点，我认为，日本代表性的大企业正在丧失自信。比如，三菱汽车隐瞒重大事故的问题。本来，它的母公司三菱重工是一家非常强大的、具备卓越技术的企业。在 20 世纪 90 年代初，日元升值危机突然向日本袭来，三菱重工当时的社长夸下海口："日元升值，怕什么！三菱重工有超强的竞争力，哪怕升至 1 美元兑换 80 日元，我们照样岿然不动。"我是在日经的杂志上读到这一段的。当时我就想，有必要说得那么满吗？这未免太过自信了吧。

无论是日立、东芝还是三菱电机，包括重电领域在内，过去都是实力雄厚、十分优秀的日本电机厂商，但如今已经非常脆弱。看到这样的现状，我感觉到，不是中小企业，而是日本的大企业自身已经失去了自信。

——也可以说是经营者变弱了。

稻盛： 现在，重要的是，企业领导人要冷静分析自己企业的强项和弱项，自己的企业必须怎么改革才好，必须重新构筑理念。与此同时，必须燃起高层次的使命感，下决心重建日本产业界和日本经济。

希望经营者们早日找回自信，如果找不回的话，

就必须更换社长。现在还没有烂到树干和树根。只要
把接力棒交到有自信的人手中，企业就能恢复生机，
重振雄风。

中小企业也一样，以往一直做大企业的下级代
工，或者干的是依赖公共事业的等待式经营，自己应
该主动做什么？为了自力更生，应该怎么做？这样的
问题，以前连想都没想过。今后的时代，自己的道路
必须要靠自己去开拓，而其源泉，还是勤奋。

——为了找回勤奋，对经营者的要求是什么呢？

稻盛：是强有力的领导力。说得俗一点就是老板的
天资，再俗一点，就是淘气大王、孩子头儿那样的资
质。不过，即使不具备这样的资质，比如，自己没有
选择，必须子承父业，必须接班当社长。既然这是命
运，是命中注定，那么，随之而来的就是无论如何
"必须守护企业"的责任。而当强烈地意识到这份责
任时，在觉悟的瞬间——"再这样软弱下去怎么行！"，
强大的意志力就会涌现出来。

另外，还有人认为，把企业做好，等同于增加自
己家族的财富，这么想是不行的。即使是继承自己的

家业，但目的不是自家一族的财富，而是实现员工的幸福，这才是企业存在的意义，必须这么去想。

"当下，我们还是中小企业，与大企业相比，工资可能低一些，退休金和福利保障金也比大企业差。在这一点上，我对不住辛勤工作的诸位。所以，我们要一起努力，打造一个优秀的企业，让大家的工资更高，让员工都觉得能在这家公司上班真好"——经营者要讲得出这样的话，经营者必须持有光明正大、问心无愧的经营理念。

——有时，对所谓领导力，也有理解错误的情况。

稻盛： 所谓强大的领导力，就是自上而下的。但这容易出现独裁，方向跑偏。因为这样做不行，为了避免独裁，就把权限委让下去，自己什么也不做，结果倒是非常顺利。不过这样一来，又觉得就不需要这个社长了。因此，真正意义上的领导力与暴走型的独裁经营，这两者之间的界线划分是非常困难的。

说到底，所谓领导人，必须是具备优秀品格的人，这种人在发挥强大领导力带领大家前进的同时，又能虚心听取众人的意见，并能将意见汇总归纳，形成共识。如果无法完美地融合二者，就成不了受人尊敬的领导人。

我小时候经常读一些有关打仗的故事，发现将军分为两种。一种是与全军在一起，一马当先，高呼着"跟我冲"，带领将士上场杀敌的将军；还有一种是身在后方，支起帐篷，摇着军扇下达指令的将军。

例如，在日俄战争中，在所谓 203 高地争夺战中，乃木希典在高地的前线布阵，司令官大山严位于后方阵地。

有一次，大山严起床后，呼吸着清晨的空气，操着萨摩方言，对副官说："今天好像哪个地方有仗要打吧。"此时 203 高地上正在展开激烈、残酷的争夺战，死尸累累。身为司令官，你怎么能这么说话？

大山严虽是我们萨摩的大前辈，但我想，"居然有这样的傻瓜将军！什么英雄豪杰啊，简直愚蠢到家了。要是我的话，一定会亲临前线，在 203 高地上，比乃木希典还要冲在前面，呛着战壕里的泥水味，在枪林弹雨中，激励前线的士兵。一个不能鼓舞部下士气的指挥官，怎能算得上是一个真正的指挥官呢？"对大山严的表现，我感到愤慨。

——在今天这个时代，特别是对中小企业来说，不是这种身先士卒的人，就当不了指挥官吧。

稻盛： 是啊，你说的对。但现实是，不是这样的人，都在当着中小企业的经营者，至少大半如此。为了让他们觉醒，我经常对他们讲"作为领导人需要的能力，是在不断地自我启发、自我磨炼中获取的"。事实上，认真听取我的讲话，自己反复钻研后，经营发生 180 度大转变的人，不在少数。

有趣的是，在这类案例中，充满泥土气的故事占多数。首先，经营者自己带头立下誓言，有时甚至在公司里带头做卫生清洁工作，带头大扫除。他们"站得住高位，待得了低层"，自己在前面领跑。如果领导人缺乏这种姿态，部下是不会跟进的。

——但现实中还是安于现状的意识强一些。

稻盛： 我现在老了，公司也做大了，尽管如此，我还是像神经质似的，总是担心公司的事情。然而，在我看来，那些不安之心应该大大超过我、应该担心企业随时可能倒闭的经营者们，却悠然自得，安心得很。看到这种情况，我真替他们捏一把汗，"你的公司真的不要紧吗？"我禁不住想问（笑）。

我今年已经 72 岁了。从 27 岁创建公司到现在已经 45 年了。因为活得比较久吧，我看见过形形色色的人物，我觉得，成功后就骄傲、得意忘形的人不会顺畅，这是事物包含的真理。人这种动物真是很难进步，不长记性。俗话说"十年一时代""十年便是往昔"，十年的时间，人真的会把以前的教训忘得干干净净。

不久前和一位老师聊天，他提到，在日本，法学部和经营学部毕业的人或当官，或成为政治家，有出息的人很多。而在英国，学历史的人都能成为精英。我听了以后，深以为然。枯荣盛衰是世之常道。历史能教给我们的东西太多了，历史能促人成长，告诫人不要重蹈覆辙。我觉得经营者至少应该学习一下近代经济史。

——日本人讨厌突出的人和事，这也是一个负面因素。

稻盛：就是个性没有确立起来。这也有好的一面，个人意识不强，或者说利己心不强。大家其实都是很有见识的，但结果倾向于消极主义，多一事不如少一事。从这一点来看的话，日本也许是一个比较容易统治的民族。

最具备良识见识的、具备日本领导者风范的、大企业的经营者们，现在连他们都抱着一种随大流的心态，从来不发表与政府相悖的意见，不争气，既没有责任心，也没有勇气。他们本该加倍努力，却屈从于权势，这样他们就无法站立起来。我们必须大声疾呼。

——真的，必须认真做出改变的时期已经到了。

稻盛：是一个大的世代更替的时期吧。一个重要的、戏剧性的、旋转的舞台已经开始转动，特别是 2004 年、2005 年速度将加快。

在此，我想再次呼吁："有能力重建日本经济的新一代的经营者，请你们出马！是真人请出马！"当下崭露头角的比如软银、乐天等企业的经营者。但他们真的具备下一代企业领袖应有的优秀品质吗？这个问题需要认真地问一问。

常言说，遭遇苦难时，贫苦之家出英雄。也许真是在当下日本经济风雨飘摇之际，卓越的领导人才会横空出世吧。政治也如此。在所有方面，整个日本社会都处在一个转折点上，让我们大家共同努力，营造一种氛围，让这种卓越人物产生出来。

（《日经总裁》2005 年 2 月期）

脱离贪欲型社会

踩下心灵的刹车

——企业的舞弊丑闻和违法违规的事件接连不断地曝光，您觉得背后的原因究竟是什么？

稻盛：根本的原因在于无止境的、不予抑制的欲望。换句话说，就是不懂知足，失却了谦虚的品格。

驱使企业经营者奋斗的原动力，是要把自己的企业做得更大、更好的强烈的意志和满腔的热情。再往根源处说的话，还是人的欲望，强烈的愿望。

足够的欲望，再加上才能与才智，方能把事业运转起来。这一点，不仅对企业这个集合体适用，而且今天这个资本主义社会以及各种学问和科学技术的发展，乃至整个人类的进步，无不如此。

但是，初期的资本主义是非常朴素、非常扎实的，它的旗手们都是谦敬的新教徒。他们生活俭朴，崇尚劳动，他们把经济活动获得的利润都用于社会的发展。他们认为，自由的经济活动能够获得许可，前提是遵守严格的精神和伦理的规范。

——但是，现在的资本主义已经变样了。

稻盛： 是啊。有人甚至扬言，持有强烈的、贪婪的欲望才是美德。"想要赚得更多""想要成为更大的富翁"，这种贪欲之心无限度地膨胀。然而，无止境的贪欲，必然会走向破灭。

有才华、有智慧、有干劲、年轻有活力，最近有不少这样的企业经营者，他们取得了很大的成功。而成功后，他们就越来越自信，欲望也随之扩展。不知不觉中自信变成了自大，不知天高地厚，自我表现欲也越来越膨胀，以致刹不住车。什么事情可以做，什么事情不可以做，二者的界限变得模糊，结果染上恶习，自取灭亡。

为了人类的进步、社会的进步、企业的发展，人的欲望是必要的。在今天这个社会中，我不会劝大家谨小慎微，墨守成规。但是，贪婪无度是不行的。欲望这个东西，当它过度、过剩时，是非常恐怖的，它足以把人类从这个地球上抹掉。发展的引擎，完全可能成为毁灭的引擎。

正因为社会充满旋涡般的欲望，所以我们人就必须懂得知足。即使自己拼命努力，年纪轻轻就获得了成功，但是，要意识到，这份成功不是自己一个人努力的结果，而是在许多人的帮助之下才取得的，因而应该发自内心地感谢。感谢之余，心中就会掂量，公司如此一帆风顺，真的是好事吗？其中没有问题吧？有没有做过头的地方呢？这时候日本人特有的"惶恐之心"就会油然而生。于是可能会踩一下刹车。我认为，具备这样的谦虚之心，才是让成功得以延续的条件。

——忘却知足，不再踩刹车，您认为原因是什么呢？

稻盛："作为人应该有的姿态是什么；作为人，什么事可以做，什么事不可以做"，学习这种最基础的道德观、伦理观的机会是越来越少了。我认为，原因就在这里。

为实现富裕而丧失了谦虚

像我这样的老人，出生、成长于战争以及战后日本最贫穷的时代。无论是国家、社会还是家庭都非常贫困。在家里，很少一点东西也必须和父母以及兄弟姐妹们分享，日子才能过下去。那时如果只强调"我呀我呀"的话，一家人是无法和睦相处的。

这不是通过什么道理，而是从严酷的环境中，学会了谦虚。在社会中，独自一人是无法生存的。如果不与周围人协调协作，就无法构建和平的社会，这是我从贫穷中学到的。父母以及学校的老师也会反复地传授这个道理。

但是战后，在学校这个教育场所，却不再教授这种伦理道德了。随着社会的富足，一样东西要与家人一起分享，这种现象消失了。相反，自由、随意、我行我素，说得极端点，想干什么就干什么，这些都被允许了。"不可抑制自己的天性；不必顾忌他人的反应，按照自己的想法，一意孤行地干下去也行"。学校教的就是这一套。

社会有所谓的规则、规矩，既然是社会的一员，就必须自觉地遵守，然而这也被放到了次要位置。伦理道德成了人们敬而远之的东西，它的重要性不再受人关注。这样长期积累到今天，丑恶的事情就一下子喷发了出来。

　　这是非常可悲的事情。生活富足了，代价却是丢失了最珍贵的东西。"还是贫穷好，受苦好"——我丝毫没有说这话的意思。但因为富足而丧失了重要东西的话，那么我认为，必须通过教育加以弥补。

——特别是肩负责任的企业经营者，这样的意识是必不可少的。

稻盛：经营者都是成年人，已经过了讲教养的年龄。我觉得，人其实是一种非常愚蠢的动物。只能在经历失败、遭受痛苦、吸取教训后，才会做出改变。什么是"是"，什么是"非"，靠自己就能意识到的人，他们事前就能规避危机，但大多数人是不会轻易做出改变的。我认为，企业的坏事丑事今后仍将层出不穷。人犯了罪，遭到谴责、受到社会的制裁，才能有所领悟。并且，这样的事情可以成为整个社会的反面教材。但如果他们从小就受过相关的教育，就不至于要付出那么大的代价吧。换个角度看，这样的人也是挺可怜的。但是现在，他们就只能从跌倒的地方重新站立起来了。

——大多数企业丑闻都是美国式"资本主义"走到极

端时产生的结果，如果这么看的话，那么，与之相反的"日本式经营"的优点，是不是应该重新审视呢？

稻盛： 日本式经营，全球化经营，这种说法是有的。但不要拘泥于这些说法。在欧美的经营模式中，把贪欲作为引擎，把极度追求利润看作是"善"。如果问日本与它们有什么不同的话，那么，可以说在日本人中，认为"欧美模式未必是善"，对它存有异议、具备良知的人，还不在少数。

除了像美国安然公司与世通公司那样的重大舞弊丑闻之外，各种各样小的坏事丑事频繁发生。为了防止这些坏事与丑闻发生，出台了更为严格的法律，为了让人遵守法律又制定了大量的规则。而为了让人遵守这些规则，则又会制定其他的规则。为了严格公司内部的审计，就要投入大量的资金，雇用相应的律师事务所和监察法人。

设置了这么多规则，又强化了监察功能，以此来预防不当行为，但要完全消除违法行为，是不可能的。这一点每个人都心知肚明。那些聪明狡诈的人，轻易就能钻法律和规则的空子。只要人心这东西不改变，必定会重蹈覆辙。这一点无论美国还是日本，都是一样的。

我并不认为，日本人的道德心特别高，伦理观特别强。"因为是日本式经营，所以安全，没有危险"，决不能这么说。不过日本人整体的气质中有沉稳的、富于人性的一面，日本民族是一个优雅的民族。

日本由位于远东的四个岛屿组成，日本暖流和千岛寒流相遇，带来了丰富的海鲜水产，在温暖的气候中生长着美味的果实。从绳文时代开始，人们彼此不用激烈争斗，就可以饱腹而生存下去。这样的环境持续了数千年，培育了日本人沉稳的性格。

而欧美是狩猎民族，如果缺乏魄力和强悍的作风，就活不下去。所以性格温和的日本人冒昧挑衅欧美人的话，肯定会被痛扁。我觉得，这类似肉食动物与草食动物之间的区别吧。

回顾明治以来的近代史，日本人为了与欧美列强比肩，硬着头皮，一味逞强，但斗来斗去，结果也没尝到什么甜头。战后，日本经济虽然迅速崛起了，但在国际舞台上，在各个方面，要与欧美各国平起平坐，还是没有做到。我们是一个好说话的、时而性格软弱的民族。我们应该在搞清楚这个特性之后，再思考究竟怎样来展开企业的经营活动。

需要的是企业价值

——所谓企业价值，就是股票的总市值。这样的思维
方式引发了活力门事件[⊖]。企业价值有必要重新追问、
重新定义。

稻盛：所谓企业价值，是指这个企业的存在被社会
所认可，被人们所需要，这是第一条件。贡献社会是
企业价值的源头。

雇用许多员工，确保员工的饭碗；提升收益，通过
纳税的形式回馈社会；包括购买我们产品与服务的客户
和交易商、供应商在内，让更多的人觉得这家企业值
得尊重，值得欢迎。本来，这些才是所谓的企业价值。

衡量企业价值的指标，对于上市公司而言就有股
价。不过，看看最近的股市，有这样的现象：那些业
绩不增长，不纳税，对就业也没什么贡献的企业，只
依靠未来可能会发展这种预期，引发股价暴涨。把高
股价当作好事，不断进行股票分割，巧妙提升股价，
人为操作股价。当然，股票的市值的确表明了企业的
资产价值，但它不代表企业本身的价值。

⊖ 又称"活力门危机"，是 2006 年日本证券金融市场的一起事
件。——译者注

"把总市值做大就是企业经营"，一部分年轻的经营者这么说。于是"总市值经营"等词汇应运而生。但是，我认为这是不对的。如今的证券市场已然成为金钱游戏的舞台，自己持有的股票价格上涨的话，自己就能获利，格局就这么狭隘。所以，股价和经营完全是不同层次的两个问题。

——因为安然和世通舞弊事件，美国出台了《萨班斯法案》（SOX 法案）。现在有人打算把这部法案引入日本，借以强化预防营私舞弊的体系。这样的法律可以守护住稻盛先生您所说的企业价值吗？

稻盛：与其说守护企业价值，不如说"守护企业"，就是为了让企业存活下去。这与守护企业价值、提升企业价值不是一回事。

——请允许我换个话题。日本的人口已经步入了负增长，过了 2050 年，日本的人口可能会减少到现在的一半。如果说这就是成熟国家，听起来似乎不错。但也有一种看法，认为像现在这样下去的话，日本只会一步步走向衰退。把"发展"作为前提的战后的 60

年，与迎来成熟期的今后的几十年相比，您认为，在根本的思维方式上有必要改变吗？

稻盛： 正如您所说，日本正在朝着少子化的方向不断迈进，人口确实会减少。也就是说劳动人口会减少。同时，迄今为止被称为发展中国家的诸国今后会急速成长。现在日本的 GDP 虽然排名世界第二，但因为这两个原因，日本 GDP 的排名今后应该会不断往下掉吧。

我认为，这是现实，也是没办法的事。去珍惜迄今为止日本人累积的资产，与此同时，去探寻新的道路，只有这一种方法。日本国民的知识水平高，具有高水准的产业技术。进入成熟期后，国力可能相对变弱，但只要想法和做法对头，也许这反而是建立一个富足社会的好机会。

"我国怎样怎样""我们公司怎样怎样"，摆足架子，要与别国、与别国的企业争高下，非凌驾于别国、别人之上不可。只要放弃这种不必要的、狭隘的心理，那么，在这个亚洲边界的小岛上，我们仍然可以建立一个和平而幸福的国家，可以创建一个宜居的、没有剧烈冲突的、彼此协作的、让人内心安宁的社会。

日本人本来就具备稳健的、温和的性格，具备美好的心灵。一个可以让日本人生气勃勃、活出真我的国家，一个让人夸赞"在日本，好人真多啊"并由衷喜爱和尊敬的国家，我认为，日本是可以而且应该朝这个方向变化的。

请看瑞士，请看北欧的芬兰和瑞典。GDP 总量不大，人口也不多，却产生了若干扎根于全世界、活跃在全世界的优秀企业。我想今后，像现在这样什么都做、什么都插手的综合型企业的数量将会减少，取而代之的是发挥日本的长处和优势的新型企业。

鼓起勇气，重新审视所谓"国家利益论"

政治家也好，政府官员也好，一旦有事，就会搬出所谓"国家利益"这块牌子。我认为，在思考21世纪日本应有的国际形象时，动不动就拿"国家利益"这个东西说事，就是一个心智未熟的"问题儿童"的表现。

现在政治家们所讲的国家利益，说到底，不过就是"国家的面子"。为了不被外国小看，不受外国侮辱，坚决不愿敞开胸襟，这不是很愚蠢吗？

即将迎来少子高龄化时代的日本，国势可能日渐衰弱，同时，这种与以往完全相反的变化，可能会给日本经济、产业以及社会带来前所未有的巨大的困难和问题。在这个时候，还能执着于那种毫无意义的面子吗？当然，当外国提出无理要求时，没有必要沉默、退缩，但归根结底，只要贯彻正义，正当申述就行了。

所谓"国家利益第一"，把重心放在国家实力上，这样的思想主张，21世纪的日本人应该与它保持距离。这是需要勇气的。但是，同以往一样，为了守住世界经济大国的宝座，拿鞭子抽打国民，让他们像拉马车的马儿一样辛苦劳作，这真的是幸福吗？为了免受他国的侮辱，不断地投入巨额税金用于国防支出，这真的有助于日本的国家利益吗？

这样做，只会让国民痛苦不堪，让国民受罪受难。我认为，战后60年间形成的所谓"国家利益论"这一固定概念，我们现在应该从中解脱出来，应该追求开悟了。这个时机已经到了。

——这是思想的大转变啊。

稻盛：以前，乡下的镇上或村上有被称为慈善家和

"素封家"[□]的家族。虽然不算什么大富豪，但他们是从祖上世代相传的家族，很有教养，充满了凛然不可侵犯的、威严的气质，受到众人的敬仰。他们会给贫家子弟出学费，让其接受教育。他们不奢侈，不张狂，也不贪恋权势。

21 世纪后半期，或是 22 世纪初，在世界这个地球村里，日本要是能成为类似"素封家"这样的国家那就好了。

（《日经商业》2006 年 4 月 3 日期）

□ 素封家，出于《史记》："货殖列传"。——译者注

企业无哲学，必然被淘汰

——关于企业经营应有的姿态，经营者应有的人生态度，稻盛先生您长期以来一贯在倡导和阐述。那么，您如何评价小泉执政的这 5 年，以及当前走向新时代的这个节点呢？

稻盛： 当下经济形势好转，许多日本企业有了一个喘息的机会，现在就是这种情况：持续干旱缺水、忍受干渴的草木得到了一点雨水的滋养，恢复了生机。但是，久旱逢甘霖之时，不能松懈享乐，如果不趁机增强抵抗力，那么下一次烈日炎炎时，可就真的要枯萎了。

——也就是说，经济是不再下滑了，但日本企业的抵抗力依然不足吧？

稻盛： 如果有 10% 的利润率，那么经济不景气时，即使销售额下降30%，企业也不会亏损。但是，日本的大多数企业利润率较低，只有百分之几，总是跌跌撞撞，勉强维持。如果经济再次低迷，马上就会跌入赤字。

日本的企业已经没有多余的储蓄了。比如日本的电器行业，因2001年IT泡沫的破裂，一大半企业出现了亏损，资产负债表上的资本部分大幅下降。而借助公共资金勉强存活下来的银行同样如此。战后60年来一点点积累下来的内部留存，大部分已经丧失殆尽了。

所以，不允许再有同样的失败。缺乏顽强战斗力的杂草，在下次干旱来临时，就无法生存，唯有死路一条。

不是弱肉强食，而是适者生存

——日本企业间的TOB（股份公开收购）交战等，是以往的日本少见的，企业间的竞争可谓是斗争心全开，越来越激烈了。

稻盛：为了在自然界里求生存，激烈的斗争心是必不可少的。但是，斗争心应该朝向何处，这一点是经营者容易搞错的。斗争心面向的对象，绝对不是竞争对手。

当然因为是商界，在同行的竞争中必须胜出。但是，在这之前，在商业丛林中，首先自己必须拼命求生存。不是为了摧毁对方而战斗，而是为了自己的生存而战斗。

京瓷一直保持着高收益，却有人说"那是一家唯利是图的企业"，吐槽京瓷的不乏其人。但是，今天京瓷的高收益体质，绝不是靠搞垮竞争对手得来的，它是京瓷受到客户信赖和支持的佐证；它是京瓷为了生存，拼死奋斗的结果。

——击溃对手，只求自己存活。但生态系统一旦崩坏，最后连自己也会枯死。

稻盛：企业间的竞争不是"弱肉强食"。"适者生存"才是真理。消亡的企业不是败给了竞争对手，而是对瞬息万变的环境，没能很好适应，仅此而已。

为了成为"适者"，就必须咬紧牙关，拼命努力。"干旱这么持续的话，枯萎不可避免"，如果这样想，那就完了。"价格下降这么多的话，电视机就没得赚了"，因此而放弃的企业与"即使这样，我们也要靠电视机活下去"——拼搏努力的企业，两者的结果完全不同。无论对手是谁，缺乏顽强生命力的企业迟早会退出历史舞台。

小伤口导致大崩盘

——要在逆境时咬紧牙关挺住，企业的经营者应该如何做才好？

稻盛： 衡量企业竞争力的标尺有很多，但归根到底，企业的成败决定于公司内部是否齐心协力，就是全体员工是否能与经营者拧成一股绳，朝着同一个方向努力奋斗。

今后的时代，竞争的舞台是整个世界，变化将会越来越剧烈。在这种形势下，经营者持有明确的哲学就越发重要。

并且，这个哲学，必须是无论什么人都能认同的、具备普遍性的哲学。无论多么优秀的经营者，若想把自己个人的私利私欲强加给员工，那就肯定长久不了。还有，无论发展得多么好的企业，如果一把手的哲学中挟入了哪怕是一点点瑕疵，那么，从那里开始，整个体系就可能崩塌。

大荣公司就是一个现实的例子。在很长时期内，大荣的领导人中内功先生的理念成为一种力量，大荣的成长精彩纷呈。但到了晚年，"想让儿子继承"的私欲或隐或现，由此，整个企业慢慢地就走偏了。迄今为止的企业发展史中，这样的例子我们看到很多。

——稻盛先生您一贯强调"利他之心"的重要性，然而无论是企业还是个人，现在都变得越来越利己了，在这样的背景下，这个利他心是不是难以被人理解呢？

稻盛： 社会富足起来，顺着欲望的方向随意行动，我行我素，这种行为逐渐被正当化了，这是事实。相反，自己吃亏，成全对方，这种美德不再被世人看重，甚至连教授这种美德的人都消失了。

实践利他，其实是非常苛刻的生活方式。习惯于低俗的生活方式，沉浸其中的人，要实践利他，或许特别困难。越是大企业，越是精英，就越难理解利他之心。

越是精英，越易利己

——这一点京瓷也一样吗？

稻盛： 在京瓷公司的恳亲酒会上，对新入职的员工阐述利他精神时，一定会有几个人反驳，他们说："把经营者的思维方式强加给员工是不对的。"我会反复地解释说明，但如果有人还是无法接受的话，我就明确表示："我今后还会继续阐述同样的理念，如果无法理解的话，请你明天就辞职，这样最好。"

实际上辞职的人也有，但都是精英，比如毕业于旧帝国大学的人（笑）。无论他多么优秀，但不能认同公司哲学的话，我们不需要。勉强留在公司，当事人自己也不会感到幸福。

——个人主义的倾向越来越强，个体越来越重视工作的价值与充实感。那么作为企业，今后应该如何为员工提供幸福呢？

稻盛： 这一点也和经营者是否与员工做到了哲学共有，有很强的相关关系。大家能否朝着同一个方向努力工作，这对于能否从工作中获得充实感和幸福感，影响很大。

思维方式及哲学与公司全员共有，不做这方面的努力，直接奔向绩效主义，这样的做法虽然最简单，但结果并不好。采用绩效主义，厚待做出利润的部门和个人，相反的部门和个人则受到冷遇。这样做的结果是，有的员工兴高采烈，有的员工牢骚满腹。本来应该全公司团结一心的，结果却矛盾丛生，不再和谐。

并且，一时高兴的员工，3年后如果部门转入亏损，工资和奖金骤减。不管之前对公司多么忠诚，一碰到这样的情况，他们马上就会抱怨公司，牢骚不断。最终，公司成了"牢骚员工"的集合地，绩效主义就走到头了。

我不采取绩效主义，是因为企业应该是实现所有员工幸福的场所。做出好业绩的个人或部门，要帮助业绩不佳的个人或部门，帮助他们提升。如果有这样的信赖关系和哲学，不采用什么绩效主义，大家也会积极、快乐地投入工作。

——因为过度的绩效主义降低了员工的士气吧，企业丑闻与员工的犯罪行为越来越多，构建企业内部的管控体系成了当务之急。

稻盛：为了预防坏事丑事发生，企业内部制定各种详细的规则来束缚员工，这样的做法不只是日本，也是当今世界各国的趋势。但是，在这之前，"作为人，何谓正确，何谓不正确"，如果领导人不予指明，不在企业内部共有正确的价值观的话，无论什么规则和制度都发挥不了作用。

几年前，日本的企业也引进了从外部对公司进行监管的制度，比如设置公司外独立董事以及委员会制度等。但是外部董事的人选，实际上是由公司社长决定的。面对掌握人事大权的社长，所谓的独立董事，他们在经营上又能提出什么意见呢？

顶多就是一年之中让他们来公司几回，然后付给他们数百万日元的高额报酬，如此而已。不是对社长提批评意见，提改进要求，相反，唯社长马首是瞻。我也观察了美国的好多企业，这些制度不起作用，其实这是事前大家都知道的事。

——从海外接二连三导入的新的经营制度及手法，与稻盛先生一直实践的"阿米巴经营"，您觉得最大的不同点在什么地方？

稻盛： 最大的不同点在于经营者的思维方式和理念

有没有融入其中。阿米巴经营的目的之一，在于让公司全员都拥有参与经营的意识，尽可能多培养具备经营视角的人。将公司分割成阿米巴这样的小组织，给阿米巴长配置部下，通过独立核算，让其承担经营责任，由此让他们具备与经营者同样的思维方式。

但是，如果只是单纯地划分组织，进行独立核算，必定会引发利益冲突。比如销售部门想尽可能低价购入制造部门生产的产品，以获得利润；而制造部门又想尽可能高价出售给销售部门。最终，整个公司利害对立，矛盾百出，仅仅协调这类利害冲突，就会让人心力交瘁。

——实际上，大多数企业都会出现这种现象吧。

稻盛：因此，这里就需要哲学。经营者的思维方式，如果大家都不予理解的话，组织之间就会相互扯后腿，更别说团结一致了。经营者在公司内向员工阐述哲学，谆谆教导，不厌其烦，让员工接受、赞同。否则，阿米巴经营就发挥不了它的功能。

比如在京瓷，当初决定将客户支付的货款的10%作为销售部门的佣金，也就是销售部门阿米巴的收人。这是我定的。但即便是这一项规则，如果大家不认同，就没什么意义。假如各部门都抱怨"为什么我这方的佣金这么低"，那么独立核算反而会起到反效果。而这正是"牢骚员工"诞生的温床。

规则虽说由合议制决定，但最后还是由嗓门大、牛气足的人决定。而被迫接受一方的员工就认为这种做法很荒唐，不愿服从这样的上司，结果士气一下子就低落下去。所以，经营者要让员工理解自己的哲学，遵循哲学，制定出众人都认可的公正的规则。而这样的裁决，正是经营者最重要的工作。规则决定以后，公司的某个部门说"这次我们就退让了"，必须出现这样的效果才好。

不要用市场变动做借口

——话虽然这么说，但只凭经营者的哲学，要统一众多组织的方向并不容易，因为他们的事业领域和客户群是各不相同的。

稻盛：在阿米巴经营中，公司的所有部门都直接接触到最下游的市场的动向。客户的交货价格如果降低10%，这个消息就会立即传递到制造部门，制造部门就会闻风而动，想方设法将到昨天为止生产的产品的制造成本降低 10%。因为如果不这样做，销售部门就接不到客户的订单。从零部件的采购到工艺设计，全盘调整产品的成本结构，动脑思考便宜 10% 的方法。制造部门的每一名员工，都将注意力朝向市场变动这个方向。

——市场动向就是整个公司的行动原理吗？

稻盛：反过来说，即使是在日本有代表性的大企业中，有数千名员工在干活的制造部门，对于自己是怎么做出利润的，他们都不知道，都没有正确地掌握。因为从不要求他们掌握这些情况，加之是经营学及会计学的常识，所以谁也不觉得其中有什么问题。然而，这样却会催生出"不负责任的企业体质"。

理所当然，在制造部门，材料、设备、人工等费用与销售额之间的差额，就是利润。这就是所谓的标准成本方式。管理部门等粗略地将成本累加，计算后做出预算，然后下指示："按照这个成本价来做。"制造部门想尽办法，拼命努力将成本压缩到规定的数值内，然后将产品交给销售部门，再由销售部门卖给客户。

但是在现实中，这时会发现，与当初预想的价格相比，市场的卖价已经下降了，这样的情况频繁发生。

如果卖给客户的价格比成本还低，企业就会出现亏损。但是这个亏损是谁的责任？既不是销售部门，也不是制造部门。只剩下"市场变动"这一个理由。谁也不承担责任，因为谁也不用负责，所以谁也不会事先动手改进，以预防跌入赤字。

——因为周围的企业都是这种状态，所以，如果采用与市场直接挂钩的阿米巴经营，就可以在完全不同的时间维度上展开竞争。

稻盛："盛和塾"的经营者们也证明了这一点。与我的思想产生共鸣的经营者现在约有4200~4300人。他们公司的销售额合计约有22万亿日元，利润约1万亿日元。员工人数，加上钟点工，约有一百万人。他们都共有优秀的经营哲学，公司也都实现了高收益。

滋贺县的平和堂超市就是一个很好的例子。现在的夏原（平和）社长是二代，盛和塾成立当初，他就入塾学习。为了与员工共有自己的思维方式，他不遗余力，与员工包括钟点工进行对话。现在，平和堂的销售额虽然只有近 4000 亿日元，但利润率超过了3%。同行的伊藤洋华堂以及永旺等大公司，超市板块的利润率至多也就 1%。因为整个超市行业都以低利润率为前提开展经营，所以无论过多久，他们的利润率也不会上升。

然而，平和堂在实际中将经营理念渗透到工作现场，盈利能力超过了那些大企业，值得自豪。经营者及其全体员工都为获取顾客的支持而拼命努力，而这份努力通过数字呈现了出来。

秘不出户的阿米巴经营

——稻盛先生您在最近出版的著作中，首次详细介绍了阿米巴经营的秘诀，这是以前从未对外公开过的。您不担心您是在给竞争对手雪中送炭吗？

稻盛：确实，迄今为止，有关阿米巴的细节一直是"秘不出户"的。"向社会公开的话，于自己不利"，公司的干部中有这种声音，这也是事实。

　　"不要说这种小气话！"我决定公开。

　　这是因为，阿米巴经营直接与市场挂钩，能够灵活应对市场环境的变化，如果有更多的日本企业能学到一点阿米巴的精髓，对日本经济将会起到很大的助推作用。纵观世界各国，现在能够成功实践阿米巴的企业尚未出现。大部分企业恰恰相反，他们对组织进行复杂的切割，反而引起了企业内部的利害对立与冲突，结果是削弱企业的竞争力。这就是现实。

　　中国今后在经济方面将会变得非常强大。如果相同的产品用相同的方法制造销售，仅仅这样的话，日本的优势必将越来越弱。这种潮流谁也阻挡不了。

　　在大变革时期，仅仅是小改小革的经营手法，仅仅是那些让人眼花缭乱的制度改革，都称不上是真正的企业经营。谁都认为是理所当然的会计以及组织体系，都需要重新审视，时代在呼唤"能从根本上改变经营性质"的经营者问世。

（《日经商业》2006 年 10 月 2 日期）

一心想要自己的分身

阿米巴经营培养人才

——稻盛先生您认为中小企业今后都可以实践阿米巴
经营吗?

稻盛: 中小企业的经营者都很努力。当然,其中或
许也有把工作都甩给部下,只顾自己玩乐的人,但大
部分人还是非常努力的。

不过我认为,如果经营者真想努力搞经营的话,
就没有比经营者更辛苦的人了。所有的责任都压在自
己身上。越是努力经营的人,越能感受到责任的重
大。越是思考经营问题,就越是会被沉重的责任感压
得喘不过气来。

顶着这样的重压,肩负责任、努力认真的经营者
们都一样,大家都希望,出现具备与自己有相同的责
任感,能够辅助自己,帮自己分担经营责任的部下。
他们一定会这么想。

我自己就是这样的。技术开发、技术改良、制造

我都得做，还得去跑销售，给客户解释精密陶瓷的性能和技术等，所有的一切都要自己亲力亲为。

真的，虽然我不是孙悟空，但我甚至想象：拔几根自己的毛，一吹，自己的分身就出现了。这不是说笑话，就是这种迫切的心情，就希望有与我有一样想法、愿意分担经营责任的人。

于是，我就考虑，把公司内部的工作细分，每个部分都安排有责任心的人担任负责人。

划分成小单位后，进账的金额少了，使用的金额也少了，这样就容易核算。只要稍加指导，他们自己就能思考：做出这么多销售额，费用花多少，剩下的就是收益。指导他们认真经营，委托他们。这样一来，他们就会萌生出经营者的思维。

一般来说，中小企业做不好是因为，虽然经营者有经营者思维，一开始就有作为领导人的意识，然而，员工却在想着别的事情。"因为招聘时说可以拿这么多工资，所以我就来应聘了。在上班时间内把事情做完，工资则多多益善"，他们就是这么想的。至于公司有没有利润，他们是不关心的。这就是打工者思维吧。

能够让原来利害对立的人团结一心，一起思考如何提升收益，这是经营者的本领。话虽然是这么说，但是，要让对经营持有完全相反想法的人，朝经营者的方向看齐，是非常困难的。

但是，将工作细分，让他们关注经营，让他们做经营训练，那么他们的意识就会向老板靠拢。一旦他们以老板、领导人的身份掌管他们的工作，那他们就会像做游戏一样，兴趣盎然。这样在不知不觉中，经营者思维、老板思维就培育起来了。

当他们是工薪者时，稍微有点浪费，他们是不会在意的。但是，当了经营者以后，他们马上就会意识到浪费"很可惜"。比如，走廊里的灯不关会费电。社长再三强调"把走廊里的灯关掉"，员工也不听，因为大家没有与老板相同的意识。

在公司内，哪怕增加一位、两位与经营者有相同意识的人，整个公司就能发展得更好。

对中小企业的经营越是操心的人，就越想培养与自己想法一致的人，让他们来分担经营方面的工作。可能的话，也希望导入阿米巴经营，我想这样的人是有的。

——阿米巴经营最重要的一点，在于它是一套培养人才的机制吧。

稻盛： 确实是，你说的很对。

——"那好吧，导入阿米巴经营，试试吧！"当中小企业、风险企业的经营者这么想的时候，如果稻盛先生您是这个企业的社长，首先，您会做什么？

稻盛： 如果企业决定要导入阿米巴经营，那么所有的计数、会计上的数字，都必须非常透明、清晰而且正确。也就是说，在企业经营的数字方面，当然也包括经营哲学方面，都要求有非常高的透明性。首先，身为社长的自己必须做到透明，必须是一个没有什么需要掩盖的人。

如果经营者不是一个公正、正直、干净的人，阿米巴经营就无法顺利导入。因为一旦透明的话，自己见不得人的部分就会曝光，这就是困难。

京瓷还在中小企业阶段，大概是股票上市之前吧，税务局来公司调查。税务局的人轻车熟路，一脚就先踏进社长办公室，他们对秘书说："你们都不要动手！"然后打开所有的抽屉，提出要求说："社长出差的票据是谁整理的，全都拿出来。"

"我们认为，贵公司的社长在出差时都是有预支费用的，后来是怎么报销结算的？"

"我们社长预支费用一次也没有领过。"

"那么，就把前几个月出差的票据都拿出来。"

查看以后，没有问题，完全是按照公司的规定支付的。税务局觉得："这怎么可能，是不是有什么猫腻？"于是，又彻彻底底检查了一遍，发现没有任何问题。自那以后，税务局的人就再也没进过我的社长办公室了（笑）。

做不到这种程度的干净，阿米巴经营是无法导入的。一边对大家说"要手脚干净，不可有不正当的行为"，但社长自己不清不白，这是不行的。

阿米巴经营中，数字要做正确，要诚实处理，不能掺假。如果要求部下这样做，那么，领导人自己在会计处理上必须干干净净。

——公私分明了，会计也大体上都懂了，接下来该怎么做呢？

稻盛：接下来就是把组织按照功能划分清楚。比如按照销售、制造、原料等功能划分，在此基础上，再进一步细分。然后任命合适的领导人，对他们进行教育。

即使是很小的部门，领导人也必须有人格。感情容易冲动的人，容易被情绪左右的人，不适合当部门的长。作为领导人，作为人，人格如何，持有怎样的哲学，这一点很重要。

哲学很重要。而社长要把哲学教授给部门领导人。要对组织进行细分，要把阿米巴经营推行下去的话，社长自己首先要学习会计，然后必须向干部员工们宣布："这家公司，我打算按照这样的经营理念经营下去。"

一提到经营理念，大家很容易把它想得很难，其实并非如此。说得直白一点就是，"要正直，不要骗人"，接着就是"诚心诚意地付出努力""不要败给自己的欲望"等。

不要败给自己的欲望，包括不要总想让别人看好自己，不要摆架子、装样子，排除物欲和名誉欲。就这些非常朴实的东西就行了。

佛教中有五戒，遵守五戒就是"不杀生、不偷盗、不妄语、不饮酒、不邪淫"。

杀人不行、偷盗不行、骗人不行，这前面的三戒得遵守，但饮酒的话，不过度就好（笑），性这一方面，不能说全部否定（笑）。使人陷于痛苦的性不可行，特别是不负责任的坏男人。

说到底，作为人，除了酒和色，就三项。杀戒我们一般不会犯，然后就是"不骗人"，而经营中的舞弊丑闻，全是因为违背了这一条。当然，更坏的家伙可能会偷盗。

就这么简单。作为社长，自己绝对不犯，以此为基础，编制哲学条目，其中没有任何复杂的内容。"我们公司就按这样的思维方式、这样的哲学经营下去"，要公开宣布。

社长要用上述哲学，对运营各个阿米巴小组织的领导人进行教育。物品动，数字动，人员移动，而推动这三者的人，在推动时需要判断基准，而这个基准便是哲学。

——认真制定经营理念与哲学，并贯彻实行，这是最重要的啊。

稻盛：是的。中小企业的情况是，经营者实际上经营着企业，却缺乏作为经营基轴的哲学，这样的人是多数。

比如，父亲创建了一家中小企业，而自己在别的公司工作，因为父亲身体不好，所以自己要回来继承这家有 20 人的小企业。刚进公司，担任常务或者专务，和父亲一起经营。公司还有总管，他看到老板的儿子回来了，会予以关照。这样，公司整体还维持得下去。

但是，尽管担着常务或专务的头衔，拿着高工资，做什么呢？其实他对公司的事情一窍不通。

然而，他到青年会议所这类机构，摆出一副经营者的样子，与大家侃侃而谈。而且他感觉到这么做很有意思，比起公司内的工作，反而醉心于外面的事情。到后来小有名气时，就当上了当地商工会议所的成员。

后来经人介绍，来到盛和塾一看。吃惊不小，一下子傻眼了。

我问他："你为什么要经营企业？"

他回答："父亲说要我继承……我本来不喜欢，但这是父亲的职业……"

因为是这样的情况，我再问："作为经营者，你是怎么想的呢？"他回答不上来。

"你的公司有多少人？"

"30 人。"

"那问题就大了。你公司有 30 人，如果每人有 3～4 名家人的话，就相当于要养活 100 人。你要是不认真经营的话，奖金就发不出，如果还要裁员的话，员工不是就太可怜了吗？"

"你不仅仅是继承家业，你还有员工，还承担保证员工就职的社会责任。而这些你都不管，只顾自己玩乐，或者沉迷于外边的事情。有这种闲暇的话，你应该把精力放在公司的工作上，为员工而努力工作。把企业做好，对当地社会、对日本经济、对日本社会做出贡献，这一点你一定要明白。"

对认识模糊的人，我就会劝他们制定企业哲学。这样的话，他们就会洗心革面，开始学习。

这样，他们自己就会改变，就会对员工说："从今以后，我要按照这样的思维方式经营企业。"

这么一来，员工就会觉得"我们的专务变了""这样的专务，我们就跟着他干吧"，公司的向心力提升，大家逐渐团结起来，公司也开始顺利发展。如果听到员工们说，公司和创始人经营那会儿大不一样了，自己就会很高兴。之后，如果想把公司经营得更好，就想培养自己的分身。这时候，我认为，就可以考虑导入阿米巴经营了。

（《日经总裁》2007 年 7 月 7 日期）

经营者的本质是

奉献社会

一味自私的经营者搞垮

企业，玷污晚节。[一]

[一] 2007 年 5 月，东京证券交易举办了面向 MOTHERS 上市企业经营者的集会，这是会议上稻盛讲演的汇总。

刚创办公司就对经营充满自信的人，我认为是没有的。最初只是心无旁骛，着迷似的一头扎进工作之中。有的人哪怕是继承了祖父、父亲创建的公司，他们也会拼命努力。

创业时期的经营者，一般都具备谦虚之心，都是努力实干的人。必须守护员工，保住他们的工作岗位，他们抱着这种了不起的使命感与责任感，自己跑在前面，没有私人的时间，付出自我牺牲，一心扑在公司的经营上。其结果，公司发展，利润提升。

京瓷在创业（1959 年）后的大约第 10 年时，利润已经达到了十几亿日元，但当时我的年薪只有 300 万日元，这是距今 30 年、35 年前的事了，有一次我突然就想："一切都是靠了我的技术，我夜以继日，废寝忘食，拼命努力，这才给公司带来了十几亿日元的利润。稍微想想就知道，我的收入和贡献如此不对称，怎么算我都太亏了。即使月薪 1000 万日元，一年也不过 1.2 亿日元。这十几亿日元的利润全都是我挣来的，我就是领了 1.2 亿日元的年薪，也不会遭天打雷劈吧。"

如此不逊的念头在我头脑里盘旋。为员工、为股东，不计报酬，埋头工作，就这么一路走来。但当公司有了余裕时，人就会变，因为我们人持有的欲望在这时候就会膨胀起来。

后来，京瓷要上市了。各家证券公司都抛来了橄榄枝："在大阪证券交易所 2 部上市如何？不过到时候您得让我们公司做主承销商，如果让我们公司成为主承销商，就给您如此这般的优惠条件。"等等。

他们又说："稻盛先生您是创业者，是大股东。上市有两种形式，一种是把您的股份向市场抛售；另一种是发行新股在市场上销售。或者是这两种方法混合操作。稻盛先生您从创业时起就拼命努力，吃苦耐劳，这才培育了这么了不起的公司，您是一位出色的创业者，上市是您作为创始人获得报酬的好机会。上市时，应该把您所持的股份向市场出售百分之几，同时再发行新股。"

所有的证券公司都异口同声，说我将有数亿日元的巨额进账。一直以来，担心公司随时可能倒闭，不安、不安，总是惴惴不安，出于恐惧，我不敢懈怠，拼命努力。我只拿几百万日元的年薪，突然说将要进来数亿日元巨款，这么高的金额我连想都没有想过。面对这样的诱惑，一般来说，人的心都会朝那个方向转移吧。

但是，我总觉得这不对头，这好比恶魔轻声地诱导。于是我说："把我持有的股份放出去，我个人成为富翁，这不符合我一贯的思想。所以，发行新股，以超出额面的价格出售，其收益作为公司的资本金。我想只采用发行新股这一个方法上市，借以充实公司的资本金。这么做你们以为如何？"

我发出这样的征询后，几乎所有的证券公司都一致反对，他们说："不！稻盛先生您是创业者，是大股东，把您持有的股份在市场上抛售，这才是普通的、正常的做法。"

但是，有一家证券公司的一位常务与众不同。他说："稻盛先生您说得太好了，像您这样做的人虽然难得一见，但我认为，您说的是正确的。"于是，我就指定该证券公司为主承销商，协助京瓷上市。而我持有的股份一股都没流向市场。后来我意识到，正是当时我的这一决断，让我在后来的人生中，能够始终不偏离正确的轨道。

我并不是什么圣人君子，刚才也提到了，与公司的利润相比，我的工资实在太少了，我也想多拿。我就是这么想的，我就是一个普通的人。

那么，为什么我又会那样做呢？我想，是因为那时我在某家报纸的《读书日记》的专栏里读到的一篇文章。那篇文章是现在已经过世的女演员岸田今日子女士投寄的稿子。

伊斯兰文化的专家，也是哲学家、思想家的井筒俊彦先生的著作，被心理学家，同时也是日本文化厅厅长的河合隼雄先生读到了，他读了以后，也写了一本书。然后，岸田今日子女士读了他的这本书后，就把她的感想写成文章，投寄给了《读书日记》。

井筒先生是一名哲学家，据说他经常练习瑜伽的冥想。据井筒先生介绍，在专注于冥想时，会达到这样一种意识状态——就是感觉到自己仅仅是由"存在"这个东西组成的。同时，周围的森罗万象、一切事物，也都和自己一样，都是由"只能称之为'存在'的东西"所构成的。

井筒先生在书中这样写道："我们一般会说'花存在于此'，但如果换成'存在扮演着花'这样的表达，是不是也说得通呢？"

河合先生读了井筒先生的书，在自己的著作中写道："你是在扮演花吗？我在扮演河合。"岸田女士读了，感觉到他的话非常深刻。而《读书日记》的专栏中就记录了岸田女士的这段感受。

借用井筒先生的说法，在这里的我们所有人，所有的一切，都不过是"存在"这个东西改变姿态与形状之后的化身。包括我眼前的麦克风，森罗万象，所有事物，都是"存在"这一个东西在演绎的。

那么，既然都是相同的"存在"，为什么人与人之间才能不同，容颜不同，一切事物都各不相同呢？

我想，那是因为这个自然界，不，是创造这个自然界的造物主认为，为了让万物在地球上生存下去，多样性是必不可缺的。如果缺乏多样性，就无法构成社会。因此，才会把脸型不同、性格不同、才能不同的人送到这个世界上来。

而我拼命工作，把公司做好了，做出了十几亿日元的利润，这时候我觉得，这都是我干的，是靠了我的才能、我的技术，是我废寝忘食、奋力拼搏的结果，而我的工资只有300万日元，收入与功劳不成比例。"我、我、我"，我的脑中充满了"我"。

当时在美国，出现了硅晶体管，后来进化成使用硅材料的集成电路（IC），半导体开始勃兴，也就是现在所说的超 LSI（大规模集成电路）。

我做硅晶体管的容器，与超大规模集成电路发展的同时，我又提供了保护这种电路的精密陶瓷的封装包。我认为，在半导体兴起的时候，我做出了很大的贡献。而正因为我具备了这样的才能，京瓷才能成功上市，并获得了高额的利润。自己很了不起，我就是这么想的。

但是，当我读了岸田女士的专栏文章后，我的想法发生了变化。

"当半导体勃兴的时候，需要有一个人来承担'半导体封装'这项工作。很偶然的是，'稻盛和夫'这个人凑巧碰上了这个机会。如果其他的'存在'持有同稻盛和夫一样的才能，由他来替代我，那也未尝不可。如果是这样的话，那么相反，我只当一个普通的工薪白领也不足为怪吧。"

就是说，我们生活的人类社会，好比一出规模宏大的电视剧。这是一个剧场，在这个剧场里，我只是偶尔担任了创建京瓷这家公司的角色，扮演了京瓷这家公司的社长。但是，这个角色并不是非"稻盛和夫"

不可，只要能扮演这个角色的人都行。而我只是偶然
被选中而已。

今天我扮演了主角，但在明天的剧集中，别的
人也可以演主角。尽管如此，我却总是强调"我呀我
的"。我想，这就是"自我"，也就是自己的欲望膨胀
的根源。

自己的才能、自己的能力不可以私有化。老天偶
然看中我，赋予我这个"存在"某种才能，目的是让
我将这种才能用于为社会、为世人做贡献。

如果我将这种才能用于为自己谋利益，就会受
到天罚。仅仅是老天偶尔给予了我这份才能，偶然让
我经营了京瓷这家公司。因此，如果我自以为是，自
我膨胀的话，那就必将招致毁灭。当我意识到这点以
后，我一路走来的人生，就成了一个不断与自己的私
欲斗争的历程。

释迦知道，人是一种愚顽的动物，稍稍懈怠了修
行，马上会欲望缠身，所以他才会告诫世人要"懂得
知足"。"我呀我呀""还要还要"，任由这种无止境的
欲望膨胀，是不行的。

才能出众，勤奋努力，创建了优秀的公司，取得
了傲人的业绩，但到头来还是挫折坠落，这样的人不

在少数。大体说来，创业型的企业家好胜心强，富有进取心。但同时，欲望也成倍于人。

这样的人如果欲望躁动起来，那么这种欲望就会无休止地诱惑自己，"还要、还要"，不知餍足，陷自己于无法自拔的境地，这就是让千辛万苦打造的优秀企业走向灭亡的根源。

在我们的心中，"良心"这个自己和"私心"这个自己，是同居在一起的。我们必须认识这个事实。换种说法，一个纯洁的真我和一个卑劣的自我同居，这就是我们人的心。

良心与私心，真我与自我，每天都在争斗，这就是我们心灵的状态。在这个争斗中，一个人如果私心占了上风，做了自我的奴隶，那么，这个人将会玷污自己的晚节，搞垮自己的企业，糟蹋自己的人生。

为了员工，为了员工的家人，为了股东，为了客户，为了供货商，或者为了当地社会，为了国家，把企业经营好，这是非常重要的。正因为如此，千万不可败给个人的私欲。

大家要把自己心中存在的私心私欲搁置在一边，和过去一样，哪怕付出自我牺牲，也要守护企业。也就是说，必须具备牺牲自己、守护企业这样一种精神结构，否则，公司的基业长青是不可能的。

我这样言之凿凿，说了一些似乎了不起的话，但我也活在私心与良心的交锋之中，稍有松懈，私欲便会占满内心，就会做出格的事，堕落下去。

私欲中最突出的是物欲、名誉欲、色欲。在这些欲望的支配下，人在任何场合都会强调自我。所以，我才要求大家自律，要有禁欲的思维。

（《日经总裁》2007 年 12 月期）

对谈：忍受萧条、伺机出手

2008 年，遭遇空前的、百年一遇的金融危机，整个世界可能同时进入萧条，对此人们担心不安。在这混沌的、前景难测的时代，企业家应该怎么办，应该如何带领员工走出困境？代表日本的哲人企业家、京瓷名誉会长稻盛和夫，与阿里巴巴董事长兼 CEO 马云，就企业家对付危机应有的心态、以人为本的经营等本质性话题展开了对话。⊖

稻盛： 当下这场金融危机，我认为是自然或者是神灵对人类的惩戒，他们要求人类进行猛烈的反省。"希望更加富裕、更加便利"——人类的这种欲望推动了科学技术的发展，构筑了近代的文明社会。

然而这种欲望的膨胀会带来什么结果呢？"月盈则亏"，这是天理。欲望过分膨胀，太满就会亏，这是天经地义的事。为了向人类证明这个真理，危机降

⊖　二人职位均为文章刊登时的职位。

临了。

今天的危机教育我们应该懂得"知足",应该学会谦虚。当今的社会现象提醒我们,企业家在经营企业的过程中必须始终保持谦虚谨慎的态度。

马云:我与稻盛先生的想法不谋而合。从去年开始我就有一种感觉:人很容易健忘。人们经历了1997~1998年的亚洲金融风暴,经历了2001~2002年的网络泡沫的破裂,但到了去年这个时候,这样的教训人们已经遗忘殆尽。

我周围许多人的话题尽是"钱赚了多少倍,投资股票获了多少利"等,我对这种反常的状况抱有强烈的危机感。我从去年年底就告诫我的员工"严冬就要来临""要为过冬做好储备"。

稻盛:马先生向全体员工发出一份电子邮件,题为"冬天的使命"。我有幸拜读了这篇文章。这篇文章不仅向员工们敲响了警钟,告诉大家"冬天要来了",而且要求大家做好思想准备,并谈到了应对的方法。

马云:人在本质上具备善、恶两个侧面,人总会追求灵魂的纯洁与善良,但恶的一面又会时时冒出。正如稻盛先生所言,自私的欲望使人疯狂。

今天的世界正直面空前的、百年一遇的金融危机，但是，越是面临危机，企业家越应该冷静，我认为这一点很重要，因为真正优秀的企业就应该将危机变成机会。

我今年44岁，有幸经历这次百年一遇的危机，我想，与其说这是灾难，不如说作为经营者，我们获得了测试自身实力的一次难得的机会，对待危机应该有这样乐观的思考。经过往后几年的努力，度过了严酷的冬天，我相信阿里巴巴将会有更大的、飞跃性的发展。

关键在于平时的"储备"

稻盛：凡是优秀的企业，都会把萧条看作再次成长的机会，把萧条当作一种食粮，全体员工团结一致、共同奋斗。京瓷创办近50年来，我就用这种思想经营企业。

刚才讲到了"谦虚经营"。另外还有一点很关键，那就是"储备"。企业储备了多少现金，能够承受多长、多重的萧条的打击，在萧条中有无实力抓住新的机会，重要的就是有无足够的"储备"。

然而，现代资本主义的中心——美国华尔街的先生们却不喜欢我的经营思想，因为我储备了大量的现金和存款（笑）。

他们认为企业拥有大量现金对股东而言并非好事，他们希望以钱生钱，让金钱更多地获利。

他们看重 ROE（自有资本利润率），就是说相对于自有资金而言产生了多少利润。用这个指标来考核，就要减少现金存款、减少自有资本，这样来提高股东的收益率。

但是，企业过于"瘦身"就无力承受危机，没有储备也无法抓住再发展的机会。要把萧条、把危机变成机会，就必须在平时不断增加储备，经营企业应该脚踏实地。

马云：同投资家打交道也不是我的强项。阿里巴巴自创业以来一直贯彻"客户第一、员工第二、股东第三"的经营原则。

作为企业家，我们必须看到客户和股东不注意的事物，看到别人看不见的东西。我平时经常考虑的是，有什么灾难可能会降临，什么东西可能会击垮我们。

同时，在经济景气时注重储备，在经济不好时进行投资，而要做到这一点确实需要有丰厚的现金储备。

中国有句话叫"阳光底下修屋顶"，就是说屋顶必须在晴天认真修好，等到下雨时再修就为时过晚了。

阿里巴巴的服务对象以中小企业为主，现在已拥有 2000 多万家法人客户。我们不仅自己要生存，还必须帮助中小企业生存发展，这是我工作的重心，也是作为企业家最大的乐趣。

稻盛先生和马先生年龄之差犹如父子，成长的时代不同，文化背景不同，事业领域不同，但是他们具备了超越上述差异的许多共同点——充满挫折的青年时代；赤手空拳开始创业；相较股东而言更重视客户与员工的利益；不是简单地模仿别人，而是将自身的经验和思考加以升华，这样创造出的自己独特的经营哲学，让他们两人的心灵相通。

稻盛：我从制造、销售电子零部件起步，一开始就置身于所谓"实体经济"领域。另外，24 年前，为了参与日本通信信息产业的变革，我创建了日本第二电信，在长途电话和手机两个领域都取得了成功。

然而对于电子商务领域，我虽然预测到它的发展前景，但因为缺乏知识，就没有这方面的缘分。而马先生利用互联网，在中国创建了从事电子商务的公司，并将它培育成世界最大级别的企业，这说明马先生很有先见之明。

我经常看到这样的报道，在 IT 相关领域获得成功的许多年轻企业家，他们自以为是、目空一切，炫耀自己的成功。马先生与这些人不同，当我得知这一点时感到很欣慰。

马云：我虽然从事这项事业，但对于网络技术实际上我知道得很少，直到现在仍属于门外汉。我原是英语老师，1995 年一个偶然的机会知道了互联网，开始涉足这个领域。

我完全不认为我已经成功了，我很害怕用"成功"这两个字。阿里巴巴创业才 9 年，与京瓷比只能算刚刚起步，问题、课题一大堆，说成功有点不自量力。

同时互联网本身的历史还很短，如果一味发展技术，那么经营方向就不对，互联网之所以存在，是因为世人和社会的需要，它必须为客户和整个社会创造价值。

18 位志同道合的伙伴

稻盛：企业如果没有社会价值就不能发展，也不能生存，经营企业不能自以为是，而必须满足社会的需求。阿里巴巴获得社会的认可，取得巨大的成功，而马先生却不失谦虚之心，这很难得。

马云： 创建公司时我既没有技术又缺乏资金，也完全没有经营的经验，犹如盲人骑瞎马。一般的盲人都会从马上摔下来，我很幸运，没有落马，如此而已。

稻盛： 这是一种谦虚的说法。马先生把技术人员集结起来，成为创建阿里巴巴的中心人物。公司创建的缘由我很感兴趣，能否介绍一下？

马云： 我虽不懂技术，但对互联网充满好奇心。我想互联网归根到底不过是一种工具，因此，有关应用技术的开发，我就委托网络工程师，而我自己站在客户的立场上试用他们开发的技术。

工程师一旦开发出新的技术，我立即试用。如果这种技术用起来方便简单，我就予以采用。相反，把烦琐的技术立即丢进垃圾箱。如果像我这样的外行使用时尚能得心应手，那么中小企业客户至少八成也会采用。

稻盛： 与技术员一起创建阿里巴巴，最初采用什么形式呢？似乎并非马先生出资建立公司后再招集工程师，为什么这些技术员愿意聚集到马先生麾下呢？

马云：最初我借款 2000 美元开始做生意，失败多于成功。1995 年初设立网络企业，又不成功。接着又去北京，与外经贸部合作做项目也不顺利。

在这个过程中我萌生了一个创意，就是通过网络向中小企业提供服务。此后就一直秉持这个理想，当时赞同我理想的包括我在内一共 18 个伙伴，大家共同创建了阿里巴巴。

稻盛：他们都是技术员吗？

马云：18 个人中只有 3 个人是技术员，而且水平也不高。

1999 年 2 月 21 日这个日子至今难忘，在我并不宽敞的房间里，18 个人聚在一起，就今后中国电子商务的发展方向、全世界电子商务的发展趋势，我滔滔不绝地讲了 2 个小时。

18 个人一律不向亲友借钱，就以自己口袋里的钱出资，一共 5 万美元。同时大家商定，各自准备好 10 个月的生活费，经过 10 个月的努力，如果一事无成，大家就散伙，各奔前程。

每月工资只付 500 元，不同意的人不要勉强，但如果赞同我的理念，大家就合伙干。当然他们都能找到收入更高的工作，但大家对一个共同的理想产生了共鸣。

成功不属于个人

稻盛： 马先生描绘出使用网络开拓事业的理想蓝图，并抱着使命感，然后聚集对理想和使命产生共鸣的伙伴。一般情况下聚集人才靠金钱，但马先生只付区区 500 元，而靠理想和使命把大家团结起来，这是难能可贵的。

听马先生这么讲，我不禁想起京瓷创业时的情景。当时我是一名公司职员，研究新型陶瓷，京瓷就由当时的 8 名同事一起创办。

没有资金，没有设备，什么也没有，有的只是我对新型陶瓷开发研究所倾注的热情。我满怀激情向伙伴们诉说新型陶瓷将会对社会产生的影响，诉说我的理想和使命。当时的条件甚至无法保障大家的生活，但是这 7 个人对我的理想产生了共鸣，决定追随我。阿里巴巴同京瓷所处的时代不同，但创业的过程非常相似。

京瓷的成功不是靠我的才能，而是靠伙伴和有关人员的帮助，我觉得自己很幸运。

马云： 我也觉得自己很幸运。我高中考过 2 次，大学考过 3 次，多次找工作却没有一家肯录用我。我的能力、学历、长相都不怎么样，以一般常识来看，我不该受到那么高的评价。

稻盛： 人的才能有差异，智力有差异，但人的本质
都一样。佛教讲"山川草木，悉皆成佛"。森罗万象、
一切事物都内藏佛性，而佛的本质每个人都是一样
的，只是外形改变，变成一个个不同的人。

我靠伙伴和社会的协助，使企业获得了成功，这
样的幸事很自然就达成了。思考成功的原因，那不是
我的力量。在人生这场戏剧中，我扮演了京瓷创业者
的角色，只是作为一个角色演出而已，这是一种偶
然，这个成功不属于我个人。

因为我有这个思想，所以我至今不失谦虚之心。
创业半个世纪以来，遭遇种种困难：经济危机、日元
升值、泡沫破裂等，尽管如此，我们照样持续发展，
我想原因就在于自己没有失却谦虚，或者说自己一直
追求谦虚。

一时成功的人而后没落，原因就在于他们"我
呀我"的，自以为是，忘却了谦虚。我希望马先生能
够一如既往，保持今日的谦虚，将企业经营得更加
出色。

如果语言中缺乏灵魂，那么不管多么美好的语言
都无法打动人心。企业领导人必须时刻注意公司的健

康状况，在面临危机时，全身全灵[⊖]，与员工沟通并鼓励他们，将萧条变成再发展的动力。稻盛先生和马先生都这么强调。本次萧条给了一种机会，促使中、日双方的企业家加强交流，加深相互理解。

稻盛：语言这东西，是心中所悟，用大脑加以整理，然后通过声音传递。但是，仅仅将心中所感用头脑思索，再用声音传达，并不能说服他人，或给他人增添勇气。

日本古语中有"言灵"这个词，就是说必须将灵魂注入语言。"自己认为非这样做不可"，讲这话时必须抱着信念，在语言中注入自己的灵魂，这样才能发挥语言的威力。做不到这一点，就无法震撼人心，人们就不受感动，也不会行动。我从年轻时起就一直按这条原则思考并行动。

我讨厌那些讲起话来嘴上轻飘飘的领导人。口才不好没关系，但话语中要灌注灵魂，特别是在当今严峻的经济形势中，领导人对自己所说的话必须充分负责，与人交流时要注入自己的灵魂和生命，这很重要。

⊖ 日语的解释为：一个人所有的体力与精力。身代表肉体；灵代表精神。——译者注

马云：稻盛先生说得对。语言的本质不在于表面辞藻的华丽，而在于表达心底的声音。

我认为不需要讲漂亮话，只要触及事情的本质，就能打动员工的心。

因为我是教师出身，所以我把公司的成长视同人的成长。人随着年龄增长，身体状况乃至行为方式都会发生变化。人有生病的时候，公司也一样，患上感冒就需要治疗。如果因病症轻微而忽视，病情就可能恶化，变成重症。经营者必须随时把握公司的健康状况和公司的心态。

我常对员工们讲"我是水泥"。"水泥"可以把许多东西凝聚在一起，是人，就让大家团结在一起；是物，凝聚后就可以变大。企业家必须不断加深对员工的理解，加强与员工的交流。

去年年底，阿里巴巴经营形势喜人，有些年轻员工不免得意忘形。这时候我觉得有必要用语言来告诫员工，我说："我预感某种坏事将会发生，让我们认真准备，有备无患。"

当然只讲一次，许多人听不进去，两次、三次反复讲，随着员工们对现实情况的理解不断深入，他们就会用心倾听我的讲话。

以人为本的经营在中国

稻盛：我已退出经营第一线，不再直接对员工们讲话。但过去经济不景气时，我总是强调以下几点。

第一，形势确实不容乐观，但是我们决不悲观。

第二，团结一致。萧条降临，公司里会出现不协调的声音，因此萧条期要比平时更加强调团结。

第三，大家一起动脑筋想办法，从点滴做起，努力削减费用，这是继续生存的绝对条件。

第四，全员营销。人人都当推销员，争取订单，不光是老客户，还要敲开新客户的门。借着萧条在各个方面钻研创新，才能为企业的再次起飞创造条件。

如果我今天还是社长、会长，我还会对员工们讲同样的话。

为了帮助日本中小企业的经营者搞好经营，我创办了"盛和塾"这个企业家的学习型组织，现在已有5000多名企业家参加，在中国江苏省的无锡市等地也有企业家在组织学习活动。

我认为中国今后的发展也要依靠广大的中小企业。迄今为止为了赚钱，各种各样的中小企业如雨后春笋般蓬勃兴起，但企业如果要长期发展，要保持繁荣，就必须具备明确的、正确的经营哲学。在帮助中国的中小企业健康成长方面，我愿意助一臂之力。

马云：那就拜托您了。稻盛经营哲学以人为本的经营思想对中国广大的中小企业经营者很有参考意义。

我认为企业成长可划分为三个阶段，首先是创业期，企业要生存下来，这是第一阶段；然后是成长期，这时要提高企业经营管理水平，建立明确的事业模式，这是第二阶段；最后是发展期，这时要充实技术和资金，实现飞跃性发展，这是第三阶段。

根据阿里巴巴的各个发展阶段，我自己也寻找不同的经营者作为榜样。1999 年创业后，我向美国雅虎创始人、CEO 杨致远，美国微软公司董事长比尔·盖茨以及美国 IT 行业的先驱们学习。当经营走上轨道，2001~2002 年后，我又受到美国通用公司（GE）杰克·韦尔奇经营思想的强烈影响。

到了今天，企业家最关心的问题是有关人本身的问题。人为什么活着？企业存在的意义何在？我们应该对社会做出怎样的贡献？通过今天的对谈，我从稻盛经营哲学中学到了很多，进一步提高了我对人的本质的探求之心。

当前的金融危机是中日两国企业家加强民间交

流的机会。我认为中日之间的交流迄今为止还相当不足，而直面共同的困难，正是加强两国企业家之间相互理解、共同开拓未来的一个良机。

（《日经商业》2008 年 11 月 10 日期）

21 世纪
10 年代

2010 年 2 月，作为经营破产的日本航空公司的重建负责人，年近 80 岁的稻盛，鞭策自己的一把"老骨头"，登上了官僚体质严重的日航这艘巨舰。当时，周围的人纷纷劝阻，他们说："这将玷污您的晚节，还是别去为好。"

　　但是，以稻盛哲学为基轴，日航短时间内华丽转身，转亏为盈，在举世瞩目之中，证明了稻盛经营的正确性。不仅在日本国内，在中国等海外经营者中间，稻盛也是人气飙升，受到了莫大的支持和赞誉。达至思想家、哲学家高度的稻盛，他阐述的人生观、人生态度，引起了很多人的共鸣。

中小企业的大叔不能示弱

——中小企业所处的经营环境依然严峻，许多经营者
找不到提升业绩的突破口。

稻盛："经济环境不好"这种想法本身，就是造成自
己企业停滞的根本原因。经济形势时好时坏，这是常
事，再说现在也不是特别糟糕。

进一步讲，对中小企业来说，不管什么时候，经
济环境都说不上好。然而，不正是因为经营者与员工
一起拼命努力，才在现实的经济环境中，保证了企业
的稳定吗？

可以把企业经营比喻为蹬一辆带着螺旋桨的自行
车。如果停止了蹬脚，因为地球引力，自行车马上就
会掉落地面。首先，社长要努力蹬脚。但是因为这台
自行车太重，一个人的力量不行，如果有 5 名或 10
名员工的话，就需要大家与社长齐心协力，全员一起
蹬脚。

一边蹬脚，一边还得思考，思考怎样做才能效果更好。这种智慧不是从别人那儿受教得来的，而是在工作中，在寻找各种可能性的过程中，自己发现的。不只是社长一个人思考，员工也一起思考。绞尽脑汁，钻研创新，只要有这种劲头，就一定能够升上高空。

不过中小企业的问题是，社长满腔热情，发出号召，员工却无动于衷，社长一个人唱独角戏，徒唤奈何。社长要再发脾气的话，员工更是会扭头，不予理会。正需要大家齐心协力的时候，员工们却不肯配合。

——稻盛先生您自己也有过这样的经验吗？

稻盛：实际上，当时我创建公司是为了"让稻盛和夫的技术问世"。在创立企业之前，我在一家公司工作时，开发了优秀的技术，但因为那家公司内部的派系纠纷，我的技术得不到公正的评价；而公司外的人也不愿采用我的技术，因为比起中小微企业的技术，他们总是优先采用大企业的技术和产品。

因此，理所当然，最初公司经营的目的就是"让

稻盛和夫的技术问世"。公司第一年招了 20 名初中
生，第二年又招了 11 名高中生，达到几十人的规模
以后，对我的各种不满就开始表面化了。刚刚成立的
公司，没有食堂，没有任何福利设施，这样的企业能
有什么前途？

　　这时候我开始意识到，我是为了让稻盛和夫的
技术问世，才成立了公司，但这样的动机其实一文不
值。如果员工说"进这家公司真好""将来的生活有保
障了"，我想，这才是做企业最重要的目的吧。只要
员工们高兴了，幸福了，稻盛和夫的技术也就随之问
世了，但这本身不是目的。

　　于是，我就揭示了"追求全体员工物质与精神两
方面的幸福"这一企业理念。

——在日航重建时，您也揭示了这个理念。

稻盛： 去日航我只有两件武器，经营哲学和阿米巴
管理会计体系。对日航的干部我也这么说："以什么
样的哲学去经营企业，这点必须明确。"然后就开始
阐述我的经营哲学。

　　一开场，我就揭示了"追求全体员工物质与精神

两方面的幸福"这一理念。我说，"虽然一般都认为，实现股东价值最大化才是经营的目的，但京瓷即使在纽交所上市时，也坚持了追求员工幸福这一理念，一直到今天，这一条哲学理念从来没有改变过"。

对日航，我也要这么做。让大家在这个思想哲学的指引下，团结一致，共同奋斗。

价值观相差 180 度

包含关联公司的员工在内，日航剩下来的 3 万多名员工，刚开始可能会有这样的疑问："这次新来的会长，说要把经营理念升华到实现我们的幸福这一点上。这是真的吗？"而日航的经营，一直以来都是由精英集团执其牛耳的，他们的价值观与我的价值观相反，相差 180 度。

但是，"日航就是我们的企业！"员工们慢慢意识到了这一点，开始拼命努力。"以往的浪费如此之大，过去的经营如此马虎"，从公司领导到基层员工，大家都猛烈反省。这样一来，不需要等谁下指令，员工们就会自发努力，拼命工作，这才实现了日航业绩奇迹般的复苏。

——日航有好几个工会，他们各自捍卫自己的既得利益，组织机构僵硬。要让整个企业团结一致，坚如磐石，不是件容易的事吧。

稻盛：当然我讲的理念哲学，大家并不是很快就能理解的，现在仍然还有不明白的人吧。但是，（下面这话由我自己来说虽然不好）我揭示了追求员工幸福的经营理念，与此同时，我从早到晚拼命工作，已经是80岁的老人了，而且我还不拿工资。

在员工眼里，对于稻盛和夫这位老人来说，日航变好了，他也拿不到任何好处。但是，他常常和员工诚恳谈话到很晚，还把干部集合起来讲课，讲述企业经营应该怎么做才对。他这样的姿态，打动了我们日航员工的心。

一位祖父年龄的老人，竭力传授一种新的价值观，不厌其烦，奋不顾身。此情此景，才促使日航许多员工不能不做出改变，这是真的。这并不是我刻意作秀，但结果出现了绝佳的戏剧性的效果。

拼命去做的话，就这么一位老人，居然能够改变几万人的思想意识，所以中小企业的大叔（经营者）要获得二三十名员工的拥护，有什么不可能呢？

现在，如果让我和几名员工一起开拉面店的话，我可以做给大家看，一定会开得很出色。拉面店也好，乌冬面店也好，还是做其他事也好，只要努力，只要花工夫钻研，成功很简单，不过是小菜一碟。

不思考问题，不下功夫，不去提高员工的士气，你这是怎么回事？讲得难听一点，"你干什么了？什么也没干嘛"。

中小企业，必须时时刻刻拼命努力，才能生存，否则就会破产，这是宿命。破产是因为经济不景气吗？不！中小企业的大叔，你不能示弱！哪怕只有一台车床，只要磨炼技术，努力寻找客户，那么，给你下订单的客户一定会出现，要多少有多少。

鼓足勇气干吧。如果看不清前路的话，也无妨。为什么现在这一刻，不肯竭尽全力蹬脚呢？

经营的"经"字都不识

——以为自己已经拼命努力了，却无法有效地发挥组织的力量。为此烦恼的经营者不在少数。

稻盛：我认为，这些人烦恼的原因是自私，他们把公司赚的钱全都归自己，供自己享乐。这是不对的。

现在就要转变思维，要明确经营企业的目的是员工的幸福。

"从今天开始，东西虽少，也要与员工分享。"把企业的宗旨改了，同时宣布"经营的情况全部公开，为大家营造一个愉快工作的环境"。这样来凝聚员工的力量。

继承家业的年轻的经营者中，连经营的"经"字都不认得，却摆出一副经营者的派头，这样的人很多。"毕业于名牌大学，在大公司工作游刃有余，但为了老爸，不得已，才回来接班"，抱着这样的想法，工作不可能顺利。这样的人进入盛和塾，首先，我会把他们狠狠地教训一通。

我开办盛和塾，就是想告诉他们"经营不像他们想的那样"。这些人毕业于大学的经济系或经营系，却不懂会计，也不理解盈利和亏损是怎么来的。当然，经营者必须具备的思维方式和哲学等，他们更是一窍不通。

解决日本就业问题的，支撑日本经济基础的，就是日本的中小企业，但如果那里的社长，只是看样学样，在经营上一味模仿别人，那是不行的。

——最近，很多企业面临的问题是，以往的业务模式迅速失却了竞争力。稻盛先生如果您现在是中小企业的社长，您会如何突破这个瓶颈呢？

稻盛： 每个人都有自己擅长的领域。首先考虑，如何把自己的长处作为武器。但如果没有什么特长，只要努力不输于任何人，也能找到出路。

假如，我来开一家拉面店的话，首先我会去现在的人气拉面店，当1～2年学徒。每天早起晚睡，洗盘子之类的什么事都干，同时拼命观摩并学会主厨大叔的工作。

一个月后，再换另一家拉面店，继续学习。转了10家店以后，自己就能掌握诀窍，用这种方法，做出这种味道的面条就行。然后租一家便宜的店面，全力以赴做拉面，这就可以了，就这么简单。

我对任何行业的中小企业都有兴趣，要是让我干的话，很快就能赚钱盈利。当然，也有去国外的选择。如果想去国外的话，就不能半心半意，要全身心投入，既然要做，就要做彻底。

——京瓷也在公司成立后的第10年，在美国设立了据点。

稻盛：京瓷做的不是流行商品，当时精密陶瓷还属于特殊材料，销售对象只限于大型电器厂商，并且量也不大，就是看对方的研发部门愿不愿意使用。

"我们开发的材料具备这样的特性，我想，在贵公司的该项研究中，应该用得上。"我们就这样来拓展销路。因为京瓷是中小微企业，所以日本的大企业不会轻易使用我们的产品。

于是我考虑，如果到美国的话，可能会给我们更公正的评价，因此就去美国推销。开始时也卖不掉，我和会说英语的干部一起，齐心协力，努力开拓客户。碰巧，当时半导体产业开始兴起，趁着这个机会，我们拿到了很多订单。

订单增加以后，就收购了圣迭戈的一家工厂，作为自己的生产据点。从京瓷挑选了五六名技术人员，派遣到美国。我两个月一次，去美国拜访客户，同时到工厂去看他们，刚开始时，他们真的很辛苦。

当时距离日本战败还没过多久，在冲绳战役中打过胜仗的美国员工很多。在手下败将的日本人经营的企业里上班，他们心里就不痛快，一有争执，有的人脱口而出就骂"你这个日本鬼子"。

为了慰劳辛苦工作的员工，缓和他们的心情，周末的时候，我会邀请大家一起去钓鱼，从圣迭戈的港口出海，经常会钓到梭鱼，拿回去后大家一起做寿司。大家一边叙旧，一边开心地享用。这成了美好的记忆。

不过，我待一周左右就必须赶回日本。大家到圣迭戈的机场去送我，有的员工因怀念日本而流泪。"你要好好干啊"，我会鼓励他……

无论是我还是员工，都费尽了心血，付出了非同寻常的努力。在国外，要把事业做成功，没有什么诀窍。如果必须进军海外的话，那就下定决心，勇往直前就好。然后就是拼命努力。

在去国外之前，这个那个，罗列一大堆困难的理由，那没有意义。不要简单地贴上"困难"这一标签，姑且先去看看。不去现场，一味胡思乱想，觉得眼前就是峭壁，无法攀登。但实际上并不是什么峭壁，可能只是糊了一层窗户纸而已。

我年轻时，对下属的技术人员经常这么讲："能够突破！你们为什么不这么想？用唾沫试试，是窗户纸的话，立马就能开一个洞。不要连试都不试，就认为不行。即便真是岩石，那就思考如何攀登就行了。"首先要试。

制造现场并没有衰落

——大型电器厂商，家家都陷入亏损，对日本制造业的未来，持悲观态度的人越来越多。稻盛先生，您对日本制造业的前景，作何思考呢？

稻盛： 在日本，物品制造不行了，这种看法产生的原因，是企业领导人出了问题。证据是，韩国的三星和LG，招聘了很多从日本企业退休的技术人员。在制造业的现场，"日本制造"的品质完全没有跌落。

不过，管理制造业的领导人，都来自不曾吃过苦头的精英集团。他们毕业于美国的商学院，只会讲空洞的理论和技巧，不懂实际的物品制造。这样的人被称为优秀，就把管理责任委托给了他们。

物品制造，本来就应该是吃苦流汗的。轻视在制造现场挥汗如雨、生产出优秀产品的人，不肯听取他们的意见，经营不可能搞好。

——但是推出"iPhone"的苹果公司，他们也没有自己的工厂，苹果的飞速发展，您是如何看的呢？

稻盛：的确，苹果不在自家企业生产产品，但是，"要这样组装线路，要做出这样的性能"，他们拼命思考。产品的组装虽然在中国进行，但其中日本厂家的零部件被大量使用。日本有这样的技术实力，却没有像苹果那样进行综合设计和统筹的人。

因此，日本的物品制造全然没有衰落，像中小企业那样，咬牙苦干、有志气、有毅力的经营者，如果在大企业里也能出现，那就好了。所以这只是一个经营者意识改革的问题。

中村天风[○]说："实现新计划，关键在于不屈不挠、一心一意。因此，必须聚精会神，抱着高尚的动机和强烈的愿望，坚韧不拔地干到底。"如果想要成就新的计划，就必须抱着不屈不挠的决心，哪怕是天降箭雨，也决不屈服。还要怀抱没有杂念的、纯粹的动机，否则，新计划就不可能实现。

这是真理。我年轻时读到这句话，就把它做成公司的标语。日航重建时我也揭示了这一条。如果真想把日航救过来，那就拼命干吧，无论如何也要干成。

而这样的精神，大企业的经营者是没有的。哀叹

───────────

㊀ 日本哲学家。

"经济不景气"，抱怨"我们没有这样的技术"。想说什么呢？没有技术、没有条件，这不是理所当然的事吗？今天整个日本的低迷，真正的原因就是领导人坚强意志的缺失。

（《日经总裁》2012 年 9 月期）

讲经说法，团结一心

——稻盛先生，您说您今年会尽早辞去日航的董事一职。再次回看日航的重建，您觉得什么才是重要的？

稻盛：我对航空运输业一无所知，是个门外汉。我就任日航会长当初，能够重建日航的自信，我一点儿也没有。我手中有的，仅仅是我的经营哲学"京瓷philosophy"，以及小集团的管理会计体系"阿米巴经营"。在什么也不懂的情况下，带着这两个东西，我来到了日航。

——到一个完全不同行业的公司任职，最初，是一个什么印象？

稻盛：日航这个企业是一个所谓金字塔型的官僚组织。一小部分精英策划决定所有的事情，向大约5万名员工发出指令。在日航，感觉不到干部有什么人情味，他们给人一种非常冷漠的精英官僚的印象。

我想，这样下去，公司不可能经营好。首先，必须转变 40~50 名主要干部的思维方式。我考虑，在作为经营者之前，首先，作为人，应该是怎样的？这才是最重要的。于是，就开始给他们讲述人生哲学。

日航的主要干部，都是 50 岁以上的人。以他们为对象，一个创办过中小企业、近年 80 岁的老头讲的话，开始时，大家都觉得怪怪的。看他们的表情，就知道他们是接受，还是抵触，甚至认为不屑一听。对态度不认真的人，我会严厉地训斥。

"一个像你们父亲一样年龄的人，给你们说的是父母教育孩子的话。你们可能觉得，这些道理谁不知道啊？是的，虽然知道，但是你们不仅没有掌握，甚至没有反映在任何日常的行动之中。你们的人格影响你们的思维方式，如果人格没有在日常的经营中反映出来，就没有任何意义。"我就讲得这么彻底。

——您这么说，多少有点效果吧。

稻盛：因为我说得非常严厉，所以大家一点一点开始明白了。在深刻反省的基础上，他们的态度发生了变化，并将我的话传递给部下的员工们听。于是，包含基层员工在内，我的思想一下子就传播开来了。

我上任时，日航约有 280 架飞机，一天中，全世界有日航的 1000 多个航班在飞行，羽田和成田机场都有大型的整备工厂。我认为，航空业是一大装备产业。

不过，我还认为，航空业是装备产业的同时，归根结底，它也是一个服务产业。如果客人不爱日航，不愿意选择并搭乘日航，日航的重建是不可能的。为此，人的因素，人性化的服务就十分重要。

只有在现场工作的员工品格优秀，态度诚恳，客户才会愿意搭乘日航的飞机。于是，我亲自赶赴各个现场，对在场的员工们谆谆相告。

一位快 80 岁的老人，不拿一分钱工资，到现场讲解正确的做人做事的道理，告诉员工："不要等待上级的指令，各个现场自己要主动钻研创新，杜绝浪费。"这样，每位员工都转变思维方式，在各自的岗位上拼命努力，不断创新。员工们一旦觉醒，职场的氛围一下子就改变了。

——也就是说，从员工的心理层面切入很重要。

稻盛：我认为，正因为约 3.2 万名员工的心改变了，日航的重建才获得了成功。我对干部员工们这么说："我会鞭策这把老骨头，我会拼命努力，所以请大家紧跟我。如果你们缺乏要把公司搞好的迫切心情，日航重建是不可能的。"我这么强调，而大家积极响应了我，日航才奇迹般地复活了。我想，领导人的作用，就是要改变现场工作人员的心。

——其结果通过业绩也反映出来了。

稻盛：2011 年 3 月，日航着手重建后的第一次决算，营业利润达到了惊人的 1800 亿日元。这么一来，全体员工信心倍增。因为自己的努力作为成果体现出来了，所以大家更加乐观，事情的进展也越来越好。

接着，为了让大家更容易看清楚各自工作的结果，就导入了"分部门核算制度"，将组织分成若干个小集团，安排负责人，实现各部门的自主经营。

中央集权招致衰退

——从现场开始，改变组织，这种做法看来在其他行业也行得通。

稻盛： 日本的电器行业，现在陷入了非常糟糕的境况。我认为，其主要原因和日航相同，一切都是中央集权化造成的结果。

我在年轻时，京瓷是供货商，给松下集团提供零部件。当时，作为经营者，我多次聆听过松下幸之助先生的讲话。

当时，幸之助先生开始推行事业部制。松下应该是日本第一家把企业划分为若干个事业部，让各事业部独立自主开展经营的企业。我认为，这种组织体制促进了松下集团的发展。

然而，从某个时候开始，松下却废除了事业部制，构建了中央集权的体制。成立松下 Panasonic，在它旗下，将松下通信工业和松下电工合并，又收购了三洋电机，把各关联公司也纳入进去，开始了中央集权式的统治。这样的方式，也被索尼以及其他电器厂商采用了。

在实行事业部制时期，电视机事业部、收音机事业部、通信设备事业部、洗衣机事业部等部门都是并列的，每个部门都有各自的权限，各事业部各自构思下一步的战略，承担从技术开发到制造、销售的责任。

当然，事业部过多，作为集团如何整合，会产生问题。各事业部的功能，如果重复的话，也会出现浪费，因此，又改为中央集权。但是，这么做就削弱了各事业部的活力。中央集权的做法，弱化了各事业部的力量。

在日航重建中，我证明了一个事实：只要把约 3.2 万名员工的力量发挥出来，能够成就何等伟大的事业。我认为，日本的大企业也一样，要相信现场员工的力量，要把权限委任下去，激发全员的斗志。而要做到这一点，中央集权的方式是不合适的。这等于为了矫正牛角，就把牛杀掉。

日本的大企业现在死气沉沉，特别是电器行业，被三星集团打败，被苹果公司打败。但是，日本现在依然拥有优秀的技术，拥有忠诚度很高的员工。而这些优势都没有被很好地利用起来，这完全是经营者、管理者的责任。

——怎么会变成现在这个样子呢？

稻盛：我认为，这是太过简易的、企图走捷径的经营思想造成的恶果。比如，在经济景气时，使用派遣员工；不景气时，就辞退他们。不知从什么时候起，经营变得如此随意。日本也引进了欧美式的人才派遣制度，其结果，忠诚度很高的员工的心受到挫伤。即使是留下的正式员工，自主性也得不到认可，他们陷入郁闷，灰心丧气。最后整个企业都变得毫无生气。

我反复强调，日本还有很多优秀的技术人员，具备优秀人品的、忠诚度很高的员工不计其数。应该珍视员工，应该改变企业体制，让每位员工都能充分发挥出自己的力量。

将员工的幸福作为经营目标

——具体应该做些什么呢？

稻盛：在京瓷，我将企业经营的目的定义为"追求全体员工物质与精神两方面的幸福"。我把这个企业目的也带到了日航，把它放在了日航经营理念的最前头。

在日航重建的过程中，企业再生支援机构（现为区域经济活性化支援机构）的资产托管人看了这个经营理念后，他们说："只要员工幸福就好，这种矮小化的哲学能行吗？"他们认为，"企业应该是社会的公器"。

但是，我认为，这样就行。如果员工不幸福，企业作为社会公器的职责就无法履行。无论企业制定什么目标，如果员工感觉不幸福，都无法达成。全体员工都把自己所在的企业当作自己的公司，拼命努力，这才是重要的。如果想要借助并发挥全体员工的力量和智慧，那么，企业的经营目的就要定位在追求员工的幸福上。

首先，要把全体员工的心凝聚起来。管理的领导人要清晰地向包括基层在内的全体员工传递这样的诉求：企业需要他们的力量。然后，将公司分割为多个独立自主的组织，让他们自己来经营这些组织。仅仅是这样做，只用一年，企业就能复苏。日航就是这样，不到一年的时间就活过来了。

——的确，现在的企业管理都更关注既成的数据。将焦点放在员工士气上，这样的管理可能是越来越少了。

稻盛： 用所谓的理论、逻辑来进行管理，这是欧美式的做法。这样的做法缺乏精神上的支撑，但也能把经营做下去，因为在它的根底处，运用了绩效主义。

经营者发出指令，下级执行。只需要告诉员工

"如果能做出这样的成果，就给你这样的报酬"。因为采取金钱刺激的手段，即物质激励办法，所以上级下达命令后，员工就会照做。

但是，在日本，如此决绝的做法行不通。所以导入绩效主义后，因为做不好，只能放弃的企业非常之多。不采取绩效主义，不用物质诱导，而想要管理好企业，就只能采取心理学之类的手法了。

——在没有彻底推行绩效主义的日本企业里，领导人就必须不断地向员工"讲经说法"了。

稻盛：是的。我认为企业领导人在当哲学家的同时，还必须是员工的老师。

京瓷是做小的零部件的，销售额约 1 万 3000 亿日元；日航是开飞机的，销售额约 1 万 2000 亿日元。两家企业工作内容不同，但两者有相同之处，那就是，经营者想要了解到企业所有的细枝末节，是不可能的。因此，从下到上，各种事情，该委托下去的，就要委托下级去做。经营者只要知道自己该关注哪些点，就足够了。

——但是，当企业处境艰难时，经营者必须做出决断，比如缩小事业规模，撤出市场，裁减员工等。在现场士气低迷的情况下，要激发员工的干劲，我想是一件非常困难的事情。

稻盛： 因为日航适用"破产企业重建法"，所以如果不裁员、不削减工资的话，法院就不会批准重建。因此，我呼吁无论如何要按照既定的方案裁员，同时，我强调，无论如何要保住留任的3万2000名员工的工作岗位。

但是，如果是一个还没有破产的企业，若要降薪裁员，想取得现场员工的理解，或许更困难吧。这时候只能从正面对大家说："为了让公司重新站立起来，必须付出牺牲。但我一定会拼命保护大家。"

经营者必须明确地告诉员工："这事请大家一定要忍耐。这么做，未免冷酷无情，但如果不这么做，公司就无法重建。但是，比这更严厉的事，我们不会做了。"领导人对现场所有员工的训示，必须打动人心，让人流下热泪。

——您在日航也做过催人流泪的训示吗？

稻盛： 在日航我没有说过让人感激涕零的话。但是，一位快 80 岁的老人，不拿一分钱工资，站在第一线奋战指挥，仅这一点就有说服力了。

——同时，重建日航，要尽早拿出成果，这一点也是很重要的吧。

稻盛：成果靠拖泥带水、磨磨蹭蹭，是出不来的。任何事情想要变好，就应该尽快出成果。正所谓一气呵成，这同生病一样。一点一点慢慢变好，说的是慢性病。

——因为人口减少和国内市场萎缩等外部原因，所以销售额无法提升。我经常听到经营者这样抱怨。

稻盛：我只了解战后的日本经济。但是，从战后到现在，日元升值、石油危机等，出现过各种各样的经济低谷。但是，大多数企业都渡过了这些难关。没钱赚的时候，就考虑如何减少费用，忍住寒风，努力前行。就是销售额上不去，又有什么可哀叹的呢？

——还是对自己要求太低。

稻盛：销售额上不去的话，企业除了忍耐，别无他法。一边忍住，一边考虑新产品和新事业。"除此之外，别说梦话了！"我想对他们这么说。

销售额增长不了，这种事情稀松平常，因为经济形势总是变动的。不过，泡沫经济破裂后的日本，不是创业者，而是工薪人员当上了经营者，所以有斗志、有毅力的人就不见了。

企业经营应该是守亦行，攻亦行。销售额上升时就进攻，形势不佳时就防守。但无论何种局面，经营者都必须具备燃烧的斗魂。缺乏强烈意志和斗魂的人，不适合当领导人。

本来是小心翼翼、非常谨慎的人，一旦有事，哪怕赴汤蹈火，也能鼓足勇气，关键时刻，一步不退，拼命向前。这样的斗魂，经营者必须具备。

但是，我感觉，日本的经营者中已经没有了这样的人物。

——缺乏优秀的领导人，选择接班人也会很伤脑筋，这样的经营者也很多。

稻盛：这件事确实很难。如何选择接班人，是一个永恒的课题。特别是不采用世袭制的大企业，更是非常困难。日本的大企业之所以萎缩，我认为，也是因为选择接班人这件事，做得不好。

——日航的情况如何呢？

稻盛： 今年我会尽早辞去日航的董事一职。大西（贤）会长、植木（义晴）社长与专务团队，选定了经营班子后，就托付给他们了。我能做的嘱托，就是希望他们能将这三年以来，我在会议上的讲话，以及我直接对他们说的话，消化吸收，变成他们自己的东西，认真掌好经营之舵。我也只能说这些了，因为我再担心，也没什么用。

——卸任以后，稻盛先生您打算做些什么呢？

稻盛： 盛和塾活动的年度日程已经敲定了，我会继续下去。还有稻盛财团的工作也得继续做。不过一直以来，对待工作，我都是把自己当老黄牛使的，所以，偶尔也要喝杯烧酒，休闲一下（笑）。

（《日经商业》2013 年 1 月 14 日期）

感谢逆境

——上一次的采访[⊖]中，面对读者，稻盛先生您说"中小企业的大叔不能泄气"。这句话，让很多经营者增添了勇气。

稻盛： 实际上，我年轻时也经历过艰难，也曾唉声叹气，口吐弱音。

在一人独处时，我经常会想："真的太苦太累了，要不就辞去社长职位吧。"但是，在冒出这个念头的瞬间，我又会对自己说："那怎么行！"我在泄气中鼓足勇气，振奋自己。

创建公司，发展公司，绝非轻而易举。碰上难事，干责任很重的工作，除非是哲学家，谁都难免唉声叹气。

但是，不能在部下面前叹气、说泄气话。夜深人静，就自己一个人时再哀叹吧。在家人面前也不行。

⊖　即"中小企业的大叔不能泄气"一节。

经营者给予周围人的影响非常之大。经营者自己不安，信心动摇，若被周围人窥见，就会人心动摇，并可能引发事端，所以这绝非好事。

既然当领导人，心中就必须有积极思维。所谓积极，意思是开朗、上进、要强。此外，和蔼、优雅等也属于积极的范畴。

乐观开朗，纯洁美好，关爱大家，温和善良，将这些深深刻入心中。这样的人想干的事，只要他抱有信念，付出努力，事情就一定能成功。

——稻盛先生也曾口吐弱音，也曾唉声叹气，我感到很意外。

稻盛："认为不行的时候，才是工作的开始"，我经常用这句话鼓励盛和塾的塾生。但是，"已经不行了"的感觉，我自己其实一次也不曾有过。

"社长这差使，辞掉算了！"当我这么想的时候，不是真觉得"已经不行了"，这是为了释放压力而脱口说出来的话。说这话是安慰自己，也是鼓励自己。并没有到"已经不行了"的地步。因为在到这一步之前，我已经千方百计，拼命努力，把事情安排好了。

对一般的人，我用"认为不行的时候，才是工作的开始"这句话激励他们，但实际上，走到这一步是不行的，在这之前，就必须采取措施，把问题解决。

所谓消极的思维方式，例如，受不安情绪的侵扰，发牢骚，鸣不平，心潮起伏。"可能已经不行了！"如果在心中描绘这些负面的、灰暗的东西，那么，事情就真的不会顺利进展了。这样的观点不限于我，许多哲学家和思想家都这么说，这是真理。

口吐弱音，唉声叹气，也是消极思维方式的一种。命令自己"不准口吐弱音"，但结果还是唉声叹气了，这也是无奈的事；自己一人独处时，脑海里跳出想要辞职的念头，那也没办法。但与此同时，必须马上给自己打气："不行，这样想可不行！"

——您抱怨，说泄气话，是什么时候的事？

稻盛：我 27 岁创办企业，30、40 多岁时都说过泄气的话。但是不知什么原因，步入 50 岁后，就不再说了。

我 50 多岁时创建第二电信，设立了稻盛财团，开始了盛和塾的活动。同时做这三件壮观的大事，还兼任着京瓷的社长。

做这三件事，目的都是为社会、为世人，不是为私欲。50多岁后，是大义驱动了我，从那以后，我激情燃烧。

人心中的所思所想，会成为动机。动机唤起行动。没有想过的事，谁也不会去实行。而成为动机的东西，首先就是欲望。欲望在人的本能中，也是最强大的。

不过，作为欲望的替代，还有一种别的动机，它触动人的心，哪怕冒风险，也要付诸行动。那就是在心中感觉到的大义。

——一旦为大义所驱动，就不会再口吐弱音，泄气抱怨了。因此，经营者的思维方式、心灵的状态是很重要的。

稻盛：从年轻时候起，对于人生，对于企业经营，我不断地进行哲学性的思考。我在家里读的，除了专业书籍外，主要就是哲学宗教类的书。我床边放着的也是这些书，睡觉前翻开读一读。

"人生是什么？""人应该怎样度过自己的人生？"

这种哲学性的命题，我思考再思考。这最早可以追溯到小学生时代。

我出生在鹿儿岛，小学六年级时，患了肺结核。当时还处于战争期间，整个社会都非常悲惨。

我家的后边有一间偏房，父亲的弟弟，也就是我的叔叔和婶婶住在那里，他们还有一个小孩。叔叔因为结核病卧床不起。

我父亲作为长兄，尽心尽力地照看弟弟，但很不幸，叔叔还是去世了。没过多久，婶婶也发病去世了。

不久后，父亲最小的弟弟也患上了结核病。他是在1945年战争结束那年，鹿儿岛遭受大空袭的两天前去世的。最小的叔叔病卧在床上，正在那时，我也患上了结核病。

周围的邻居纷纷议论"稻盛家族遗传结核"。身边的叔叔和婶婶因为结核病去世，最小的叔叔也面黄肌瘦，卧病在床。我不禁想，下一个就是我了。

有一天，住在隔壁的一位年轻的太太来到我的枕边。这位太太很关心我，时常隔着矮树篱笆，露出脸庞，关切地问我："今天感觉怎么样？"我就躺在面向走廊的8席榻榻米房间的被褥中。

"我正在读一本有意思的书，如果愿意的话，你也读读好吗？"

这位担忧我的年轻太太拿到我枕边的书，是"长生之家"（宗教法人）的创始人谷口雅春先生的著作。我读了那本书，第一次接触到了宗教。从此开始，我对宗教哲学产生了兴趣。

从那以后，我读各种各样的书，努力学习哲学。同时，在现实中又不断遭遇逆境。但我不逃避，而是在克服逆境的过程中，我锻炼出了坚强的意志力，掌握了哲学。

——说到逆境，比如有哪些呢？

稻盛：考大学和找工作的时候。原本我是想学药物学的，于是就报考了大阪大学医学院的药学专业，但是没考上。因为没有复读的条件，所以就参加了鹿儿岛大学的二次考试，最终进了工学部。

虽然已经是"二战"以后了，但家里依然非常贫穷，所以我上大学就非常勉强，家里做出了牺牲。我把奖学金的一部分交给母亲补贴餐费，同时，一心扑在学习上。第一志愿没考上，反而成了动力，促使我拼命学习。

　　我没有钱，也没什么娱乐活动，有的只是时间。因为把所有时间都投入在学习上，所以我的成绩很优秀。自己以前得过结核病，因此想就职的公司，就是能够利用化学的力量研制新药的企业。我一直抱着这个愿望，老师们也给我打包票，他们说："以稻盛君的实力，完全可以去一流企业。"老师还帮我写了推荐信。

　　但是，当时正值朝鲜动乱之后，经济很不景气。如果同大企业没有亲属等关系的话，他们不可能录用我。所以，我就职很不顺利。

　　我想，如果当时进了一家好企业，我后来的人生将会迥然不同吧。对于哲学，也不会更加醉心了吧。或许我会渴望出人头地，或搞科学研究，或做技术开发，在大企业精英团队中努力奋斗吧。

　　然而，我的情况是，我不得不在严酷的环境中生存。而幸运的是，为了克服这样的环境，我锻炼了自己。我认为，这为我掌握卓越的哲学提供了食粮。

——是逆境造就了后来的稻盛先生。

稻盛：我已经80多岁了。比我小20岁，现在60多岁的人，他们的青年时代，社会更安定，经济状况也更好。这种时代的人，要是头脑好使，很优秀的话，就能进一个好的大学，毕业后也能进一家好的公司。

但是，这样的话，他们就不会经历苦难。因此，学习哲学宗教，顶多也就是学点儿《论语》吧。而实际上，即使嘴上能讲《论语》，也完全进不到心里，这样的人占多数。因为掌握哲学所需的人生经历，他们很缺乏。拿着卓越的人生观、价值观，能够自信满满，向部下阐述："就应该这样度过人生！"这样的人现在一个也没有吧。

而我之所以能够这么做，就是因为在少年时代，在青年时代，以及在进入社会以后，在成长的过程中，我经历了逆境，我在哲学上不断探索，构筑了自己的人生观、价值观，也就是哲学。而在企业经营中，我就用这种哲学来影响和鼓舞员工，一路走到今天。

当时，我也曾口吐怨言："为什么就我一定要经受这么多的苦难？"但是，现在回过头来思考，我禁不住双手合十，深深拜谢上苍给予我的、难得的逆境考验。

——对于正在直面逆境的经营者来说，稻盛先生的话，是莫大的鼓励。

稻盛：人在直面苦难时，不要设法逃避，而是从正面接受它，必须将苦难转化为成长的食粮。我认为，苦难，因为接受它的方式的不同，既可以产生负面的作用，也可以产生正面的作用。

如果所处的环境严酷，那就应该从正面接受它，把它当作促进自己成长的丰富的营养剂，付出不亚于任何人的、拼死的努力。日本的经营者，特别是大企业的经营者，缺乏这种哲学性的思维，而这正是导致日本企业陷于停滞的主要原因。我就是这么想的。

（《日经总裁》2013 年 8 月期）

洞穿岩石般的信念

——稻盛哲学正在中国快速传播。

稻盛： 1978 年，邓小平先生提出改革开放的政策，中国之舵朝着市场经济的方向转换。"让一部分人先富起来"的主张，让中国人的意识一下子就改变了。

因为过去贫穷，所以人们"想要富裕"的欲望成为强大的动力。这种能量的爆发，威力是惊人的，它促进了中国的持续发展。

凭借自己的力量，就可获取巨额的财富，在这样的时代背景下，那些创办公司并获得成功的人士中，有的人开始过上了贫穷时代根本无法想象的奢侈生活，同时也滋生了傲慢情绪。

然而，虽然物质上确实是富裕了，但是，我认为，这样的人同时会感觉到心灵上的空虚。在中国，一些人的心灵缺乏依托，"这样的生活真的有意义吗？"他们的心中会冒出这样的疑问。

就是说，虽然得到了物质上的富裕，但精神上极度饥渴。自己内心的空虚需要有东西来填补。这时候，他们接触了我的哲学，就会受到强烈的震撼吧。

对于企业经营者来说，为了充实自己的灵魂，提升自己的心性，优秀的道德观是绝对必需的。从最朴实的道德观开始，作为人，究竟应该持有什么样的思维方式？作为领导人，应该具备哪些优秀的品质？这些就是我阐述的内容。

听了我的讲话，看了我的书籍，他们意识到，过去忽视了自己心灵的安宁。我的著作《活法》之所以在中国成了畅销书，这就是原因之一。

内心的安宁，不是通过利己，而是通过关爱他人的"利他之心"才能得到。在《活法》一书中，我阐述了这个观点。这本书在日本，大众读者的反响更强烈些，但没想到在中国，企业经营者对这本书十分喜爱，为之倾倒。

过去，朝着利己的方向一路狂奔，我想，作为过去的一种反动，现在才出现了这种强烈的反响吧。

——中国人好像很容易理解稻盛先生的哲学呢。

稻盛：以《论语》为代表，中国自古以来，许多圣贤说过各种格言。但是据说，中国人说起来似乎高深远大，但这些话如何在自己的人生中使用，好像考虑得不够。

而我的哲学，全都是我从自己经营企业的实践中总结出来的。所以有中国人说："稻盛先生是用唠家常的语言阐述哲学的精髓，所以非常容易理解，能够产生共鸣。"

话虽这么说，但我自己在 27 岁创业时，对企业经营应该怎么做，完全是一窍不通。去转书店，也找不到具体地、简洁明了地介绍这方面的书籍，所以我很伤脑筋，吃了很多苦头。

后来，通过自己的切身经验，我才终于体悟了经营企业的真义。我想把这份心得传授给中小企业的经营者，于是，在 1983 年设立了"盛和塾"。

"经营究竟应该怎么做？"连这个基本问题也不懂的中小企业经营者真的很多。其中许多人通过世袭制从父亲手中接过公司，他们只会延续旧习，漠然经营。但对加入"青年会议所"等外部团体倒是很热心，在那里摆出一副经营者的模样。

靠这种半生不熟的思维，企业是发展不了的。我想打破这个局面，帮助日本的中小企业。在中国，我也在做相同的事。

——中国的经营者吸收您哲学的速度快得令人吃惊。

稻盛：还是中国的经营者进取心强，学习劲头足。

日本在"二战"后，经济高度增长，一时间成了世界第二经济大国，后来经历了泡沫经济。泡沫破灭后，经济确实持续低迷了 20 年。不过，人们的生活水平没有降低，一直保持着富足的状态。

也就是说，今天的日本经营者，虽然面对着经济低迷，但因为物价低廉，所以依然过着安稳的生活。从结果来说，在做人方面，他们态度温和，老实本分，循规蹈矩。说得好听点，就是理性而具有绅士风度。这样的企业领导人占了大多数。

但同时，他们缺乏必须挑战的、敢冒风险的那种闯劲，或者说这种劲头已经很少了。我认为，这是日本经济低迷的主要原因之一。

而中国呢，正因为以前不富裕，所以现在都拼命工作，有那种冲劲儿。并且，如今在位的领导层，其中许多人在学生时期经历过"文化大革命"，或下过乡，吃过苦。而年轻时历经艰辛的人，往往冲劲、闯劲惊人。

听他们讲话，不由得让我产生一种感觉，他们很像太平洋战争战败后、从国外回到日本的日本人，这些人不服输，藐视困难，敢于创业，拼命奋斗。

——日本社会长期以来和平稳定，要想培养像中国经营者那种敢于冒险的挑战精神，是不是很困难啊？

稻盛：像中国这样的社会环境，现在的日本已经没有了。现在的日本社会很安稳，这是非常幸福的事情。但是，我认为，现在的日本经营者，必须在感谢这个幸福社会环境的同时，不安居于其中。他们必须改变自己的心态，奋起拼搏。只要自己的心态改变了，自己的意识改变了，人生就会随之改变。我希望大家能够尽早觉悟到这一点。

一旦成为经营者，就已经不再是自己个人了。哪怕公司只有一名员工，企业经营也已经不再是你一个人的事了。必须把企业经营好，必须保证员工可以安心工作。这样的使命感，对经营者来说，是必不可缺的。

使命感这个东西，是驱动自己奋斗的动力，它的作用巨大。因此，只要具备使命感，我认为，经营者就能够改变自己。但是，很多经营者对使命感和责任感的自觉意识非常薄弱，所以，企业经营就很难顺利推进。

再进一步讲，更重要的是：要把这种使命感提升到信念的高度——"我无论如何也要让公司发展，我无论如何也要让员工安心！"要持有这种洞穿岩石般的强烈的信念。不是停留于口头上的使命感，而是要强化它，把它上升到信念的高度。

在接手日航重建时，在员工面前，我一开始揭示的，就是思想家中村天风的话："实现新的计划，关键在于不屈不挠、一心一意。因此，必须聚精会神，抱着高尚的动机和强烈的愿望，坚韧不拔地干到底！"我认为，这段话是经典，它充分表达了洞穿岩石般的信念的极端重要性。

经营者必须觉悟到，自己是有使命的。为了把公司经营好，强烈的信念必不可缺。日本的经营者必须做出改变，必须具备这样的思维方式。我认为，叩问经营者心性的时代已经到来。

但是，在当今日本这个和平的社会里，特别是在知识精英中，什么愿望呀，信念呀，心性呀，常常遭到忽视，被轻轻放过。"愿望之类，每个人都有啊！"

他们这样说。但是，我强调的不是这种淡薄的愿望。只有强烈的愿望，才是一切事物的根源。

——揭示出经营理念的企业很多，但是，对于愿望、信念这类精神力量深信不疑的经营者，似乎很少。

稻盛：某位哲学家曾经说过这样的话："在你周围，现在出现的现象，是从过去到现在的，你的愿望、心性所带来的结果。"这就是说，无论是自己的人生，还是企业的经营，都是当事人所持的愿望、心性所带来的结果。

科学技术也好，企业经营也好，一切都是从愿望开始的。比如科学技术，"我想做出这样的东西"，这种研究者的好奇心和探索心，与发明发现有着紧密的关系。现代的文明社会，也是人类愿望积累的结果。

无论多么伟大的发明发现，无论多么出色的企业经营，都是当事人的愿望和心性结出的果实。愿望和心性明明如此重要，然而，现代的企业经营者们却不重视，不以为然。

不是充满邪心的个人欲望，而是基于为社会、为世人的大义，具备一颗纯粹的心灵，自我激励，奋勇

向前。只要这么做，那么，无论是个人的人生，还是
企业的经营，乃至整个社会的发展，都会向好的方面
转变。然而，现在没有一个人将这样的道理说明白、
说透彻。

——稻盛先生在决定参与日航重建时，一定具备强烈
的愿望吧。

稻盛：当时，大家都说日航"二次破产必至"。在这
种情况下，有关方面找到了我，我没有任何自信，也
没有任何经验，但因为拒绝也拒绝不了，所以我才接
受了这项任务。

　　既然已经接受，我就不再有一丝一毫的犹豫，"无
论如何也必须重建！"就只有这一个念头。结果是重
建真的成功了。"居然真的干成了！"但是，直到现在，
我自己仍然觉得不可思议。

　　如果是因为采用了具体的、高明的手段和手法，
所以成功了，这还可以解释。但是，我除了阿米巴经
营之外，什么都没有。因此，我唯一思考的就是：如
何把干部和员工凝聚起来，如何改变所有日航人的
心。于是，我果断推行意识改革。这种坚定的决心，

这种用善心重建日航的信念，意外地接收到了不知从何处吹来的他力之风。这是一种大大超出我们自己力量的巨大的能量。

我辞去日航董事一职，已经过去半年多了。现在我还经常到日航去，给日航的干部出出主意。但是，当夜里自己一人独处时，我还是会深入地思考。

"您干了一件了不起的事！"大家都这么夸奖我。但我觉得，"我只是一个幸运的男人。的确，我是拼命投入了日航的重建，但仅仅如此，日航重建是不会成功的。如果真的有神灵存在，那就是得到了神灵的援助"。每当想到这里，在家里，我就会双手合十，对神灵说一声："谢谢您。"

因为日航业绩的复苏太具有戏剧性了，所以也有人说各种怪话。但是，对于企业经营，我总结出了一个道理。我认为，经营的成功，不仅依靠具体的手段手法，还必须怀抱强烈的信念，只要以这样的精神状态投入工作，就一定会吹来援助自己的他力之风。

我这么说的话，又免不了与神灵扯上关系。但是，我不得不这么想。否则，就没有更好的解释了。

（《日经总裁》2013 年 12 月期）

人生心想事成

我认为，人工智能无论多么发达，它所能展开
的范围，归根到底，只限于人类思维的理论性的层面
吧。人类大脑的部分，人工智能也许能够辅助完善，
但是，人类心灵作用的层面，人工智能恐怕难以企
及吧。

心这个东西，我们对它的认识还很模糊，常常轻
视它的作用。但是，我们在心中思考、描绘各种各样
的事情，由此度过自己的人生。一个人的人生也好，
命运也好，一切都是由心来带动的。

在心中描绘怎样的思想，这完全是由个人自主决
定的，正因为如此，我们也许会轻描淡写。但是，这
个心决定了我们的人生。你在心中思考、描绘的人
生，会真实地呈现在你的面前。

所以，我们要尽可能净化和美化自己的这颗心，
在心中描绘各种各样的事情。这对于实现一个精彩的
人生，是绝对必要的。

有人觉得，人工智能能够到达人类心灵作用的层面。这种认识，我认为是不对的。

心灵问题不可忽略

宇宙具备生成森罗万象并使其发展的力量。在生存竞争激烈的地球上，虽然上演着弱肉强食等各种各样的争斗，但在宇宙的规律中，所有的事物都是朝着正确的方向发展前进的。

在地球上，人类的地位非常突出，以至于被称为万物之灵。因此，我认为，人类负有责任，就是要促使森罗万象、一切事物都朝着好的方向平稳地进化发展。

即使身处逆境，也要珍视心灵。我的人生并非一帆风顺。大学考试落榜，也没能进一家好公司，吃了很多苦头。但就在这样的处境中，我依然拼命地工作，顽强地生活。无论身处何种逆境，都拼命地、顽强地度过，这样的人生态度，促使我的命运朝着好的方向转变。

身处逆境时，不要这样想："在心中描绘正面的、乐观的情景，有什么用啊？"不要在心中描绘负面的、消极的情景。"无论身处何种逆境，只要努力，自己的命运一定能改变"，在心中强烈地思考、念叨这句话，并不断付出努力。我认为，对于我们的人生来说，这是非常重要的。

在人的心里，在其根底处，存在着利他之心，就是温和的关爱之心。作为人的本性，这是我们每个人都具备的。

但是，在这利他之心上面，又覆盖着人的欲望——"想吃更美味的食物""想过更幸福的生活"等。就是说，在纯净的、美丽的利他心之上，覆盖着利己之心。如果我们不努力祛除它，利他之心便出不来。

欲望是大自然为了人类的生存，所赋予的人类本能中最核心的东西。如果没有食欲、性欲等欲望，人类就无法生存。但是，这种欲望太过强烈的话，那就是问题。欲望虽然是必需的东西，但为了不让它过强、过剩，就要在心中对它加以整理。

心灵的问题，我们绝不能忽略，绝不能轻慢。"在心中描绘美好的景象"，这在人生过程中非常重要。我就想大声疾呼，告诉大家这一点。

（《日经总裁》2018 年 2 月期）

南无，南无，谢谢

"为了磨炼灵魂，该做什么呢？"我下面说的，可能不是直接针对这个问题的答案。但是，我认为，对于自己当下所处的环境表示感谢，这是非常重要的。无论是身处严酷的环境，还是绝佳的环境，都能够说出"谢谢"这句话。就是说，需要具备能说出这句话的人品。

我在上小学前，曾到过"隐蔽念佛"的集会场所。江户时期的萨摩地区，净土真宗受到压制，所以僧侣们只能到深山里搭起小屋，在那儿念佛，让信仰之心不致中断。这就叫作"隐蔽念佛"。到了昭和时期，对净土真宗的禁令解除了，但"隐蔽念佛"依然延续着。

某天夜里，父亲一手拉着我的手，一手提着灯笼，踏上山路，在路的尽头，有隐蔽念佛集会的场所。有几个和我差不多年龄的小孩，正面朝佛坛，双手合十，叩拜佛祖，我也加入了其中。

当时，一位僧人对我父亲说："这个孩子以后不用再带过来了。不过，他要每天念叨'南无阿弥陀佛，谢谢'这句话，用这句话来向佛祖表达感谢之意。"

那时我好像是五六岁，当时的场景和僧人的话，给我留下了深刻的印象。自那以后，用鹿儿岛方言念叨"南无，南无，谢谢"，就成了我每天的功课。

无论是出差去美国还是欧洲，或者去教堂，我都会念叨"南无，南无，谢谢"。这已经成了我的口头禅，到了 86 岁的今天，我依然保持这个习惯。

神啊，对不起

早晨，一站在洗脸台的镜子面前，我就会脱口而出，并不是针对特定的对象，而是对森罗万象、一切事物表示感谢，双手合十，说一声"南无，南无，谢谢"。

说真的，对让自己吃过苦头的人，也应该说"谢谢"的，但我的人品，还没有修炼到那个地步。不过我知道，经历苦难，一定会有助于自己人格的成长。

早上站在洗脸台前，我还会说"神啊，对不起！"刷牙时，洗脸时，就会从嘴里蹦出这句话。并不是说具体做了什么，所以表示歉意，而是觉得昨日之前，自己的人生中一定有错失之处，所以才会说对不起。

说自己做得不到位，是因为在自己没有意识到的地方，肯定做过什么错事吧，我就是这么想的。开始说"神啊，对不起"这句话，我记得是在30多岁时，到现在已经持续了50年了。

不要自吹自擂，不要把一切功劳归于自己，不要把一切错误归于他人。对今天发生在自己身上的事情，要表示感谢。对自己做过的事情，要说声抱歉。只要保持这样的心境，拼命投入眼前的工作，充满欲望的那颗心，就会发生变化。

人类社会中有各种各样的人，其中会有利己之人冒头。然而，与往昔相比，和平的时代在持续，经济也顺畅。我觉得，人类社会正在朝着好的方向前行，人的人性也在逐渐提升。

（《日经总裁》2018年3月期）

世俗型的成功
与人格型的成功

大多数经营者一开始，都是出于想赚钱、想过富裕的生活、想出名等个人欲望，创办公司的。但是，经营者只想满足个人欲望，员工是不会追随的。"只想自己幸福"，这种自私的动机太露骨的话，没有人愿意与你一起共事。

经营者会想，这样下去可不行。必须实现全体员工的幸福，当意识到这一点时，经营者就开始转变了。而公司顺利发展，是在这之后。然后，经营持续推进，"哪怕做一点自我牺牲，也要让员工更加幸福"，当经营者开始这么思考时，公司就会朝着更好的方向发展。

这样说来，在企业经营中，经营者的利他之心就非常必要。而在每个人的心底里，都存在着可称之为"真我"的部分，而真我之中便蕴藏着温和的利他之心。

关键是如何拂去覆盖在真我之上的欲望。人类为了生存，持有某种程度的欲望是必须的，但欲望会无限膨胀，所以要抑制它，把它控制在适当的范围之内。

寡言父亲的重要教诲

要培育利他之心，小时候接受的教育也是非常重要的。

我的父亲在鹿儿岛经营一家小小的印刷厂，工厂就在我家的旁边，从早到晚，旋转的印刷机不停地工作。忙碌的时候需要加班，这时候，员工们就会和我们一起吃晚饭。当时我还是个孩子。

那时，父亲会对我说："因为大家辛勤劳动，所以我们才能吃上饭。"父亲虽然不爱说话，但在紧要处，他就这样教育我们。对我人格的成长来说，这是重要的养分，所以我一直牢记在心。

只有在众人的关照之下，我们才能生存。把这个道理，随时随地教给孩子，是非常重要的。孩子很纯粹，这种耳濡目染的教育，很容易进入他们的心里。

我还记得有这样一件事。父亲的弟弟住在我们附近，这位叔叔患了肺结核，但无论当时的空袭有多么恐怖，他都坚决不进防空洞。他说："不能把我的病传染给侄子和侄女。"有着如此美丽心灵的叔叔,他的言行举止我一直都看在眼里。

鹿儿岛大空袭的前两天,叔叔去世了。办完丧礼,家里人在一起用餐时,空袭来了。父亲背着爷爷,母亲背着妹妹,仓皇出逃。大家议论,叔叔是不是预知到空袭将至,所以(为了不给我们添麻烦)才在两天前走了。

即使没有利他之心,也可以取得世俗意义上的成功。但是,实现人格上的成功,就另当别论了。我认为,无论是哪个领域,都应该选择心灵美好的人担任领导,但很遗憾,现实并非如此。

所有的领导人都充满利他之心,这样的社会或许永远不会出现,但要朝着这个方向努力。即使大家不愿追随这个信念,也要持续这么讲,持续这么做。我认为,这一点是很重要的。

我们中小企业的经营者同样如此。利他之心,要日日磨炼,要珍视员工。只要每个人都抱有这样的想法,那么,社会就会愈加宜居,愈加和平。

(《日经总裁》2018 年 4 月期)

何谓经营者[⊖]

为什么世人信奉稻盛和夫？

首先，我们来梳理一下稻盛经营，它的代名词"阿米巴经营"是一种管理手法，就是把整个组织细分为一个个 5～10 人的小集团（阿米巴），各个阿米巴每天都进行核算管理。因为自己的阿米巴今天赚了多少、亏了多少一目了然，所以即使是进公司只有几年的年轻员工，也会有经营的感觉，可以朝着稻盛经常说的"销售最大化，费用最小化"的方向努力。

增加销售额，减少经费，这虽是企业经营的基础，但重要的是，能否彻底，能在何种程度上贯彻落实。不是搞些复杂的经营指标，而是进行组织细分的

⊖ 参考文献：《何谓经营者——稻盛和夫与他的弟子们》（日经 BP）。

阿米巴经营，就像做家庭记账簿一样，了解金钱的收支情况。这么做的话，全员就能团结一致，朝着"销售最大化、费用最小化"的方向努力。据说，只要每一名员工的自主性都调动起来，那么无论是什么行业的企业，利润率都能超过10%。

因为稻盛先生年事已高，盛和塾于2019年年末闭塾。但长期以来，在塾生之中形成了一种共识：只有利润率达到两位数，才算是合格的经营者。比如技术革新少、价格竞争激烈的行业，或是有着"3K"⊖之称的行业，就是支撑着日本产业发展的这些底层的行业，当这些行业的中小企业经营者，获得了超过10%的利润，意气风发地在同伴面前发表时，稻盛先生不由得露出了笑颜。

要让阿米巴经营在经营现场发挥作用，那么"究竟要办一个什么样的企业？"经营者办企业的理念，必须与员工共有。经营者与员工之间构建牢固的信赖关系，这是绝对条件。如果做不到，那么，"自己是被强制做麻烦的数字管理"，员工有这种感觉，组织就会疲软。为此，作为阿米巴经营的地基，稻盛先生会向员工阐述"philosophy"。

⊖ 3K 指的是危险、肮脏、艰辛。——译者注

所谓"philosophy"，就是哲学。但稻盛哲学绝不是高深难懂的东西，比如要"做出正确的判断"，要"抑制利己，发扬利他精神"，要"付出不亚于任何人的努力"，等等，都是做人做事最基本的态度。通过交杯换盏的稻盛流"空巴"[⊖]，促使员工自问自答：自己"为什么活着""为什么工作"，让哲学化为员工的血肉。

由阿米巴经营实现了严格的数据管理，由哲学经营实现了正确的理念共有，这两个不同层次的经营大命题相辅相成，并在实践中获得了证明。这是稻盛先生的功绩，他也因此被称为著名企业家。

教人如何赚钱的咨询顾问不计其数，解说为人处世方法的大师也有很多。但是，让乍看互相矛盾的两个命题相辅相成的人，首先是没有的。自从涩泽荣一提出"论语与算盘"以来，如何让道德心和经济性实现高位平衡，大家都伤透了脑筋。解决这两个大命题的关键，不在于经营手法，而在于经营者个人——稻盛先生揭示了事情的本质。

把经营者个人的stoic（克己的）人格放在企业经营的核心位置上，就能把数据管理与理念共有这两点协调起来。在盛和塾的塾长例会上，在塾生与稻盛的

⊖ 情感酒话会。——译者注

对谈中，塾生的苦恼全都集中在经营者个人的人格这一点上。这么说也不为过。

对于经营者来说，不是构建了商业模式就结束了，不是向部下发出指令就完事了。经营者只有深入到组织中去，员工才会追随。不是斯巴达式的追打员工的屁股；也不是把高额报酬当作诱饵，在员工面前晃荡。经营者要成为火种，把员工的心点燃起来。企业无论是好是坏，最后都归结于经营者，这就是稻盛先生思考的所谓领导力（leadership）。

稻盛先生也不是完人。在本书中，稻盛先生自己也承认，与自己内心升起的利己心做斗争，是一直以来的课题。50多年如一日，稻盛每天都要在镜前忏悔："神啊，对不起！"如果他想过得轻松潇洒，随时随地都可以做到。但稻盛没有选择这样的道路。稻盛先生在人格方面最值得称赞的是什么？哪怕是被誉为"经营之圣"，哪怕是90岁的高龄，至今毫无衰退的，就是他那份克己之心。

"我这样可不行！"这种自我反省，稻盛反复进行，深刻而又猛烈。有人称稻盛为"超人"（charisma），如果说稻盛有神格属性的话，那就是反省。他平易近人的笑容让人亲近，但一旦碰触到他气势逼人的克己之心，又让人不由得却步。从他身上体现出来的、人的无限可能性，让周围的人不能不为之心醉。

那么，稻盛克己之心的源头又在哪里呢？这和他的境遇有关。

稻盛出生于鹿儿岛一个平凡的印刷匠人之家，12岁时患上肺结核，徘徊于生死边缘。后来，报考大阪大学医学部，却没考上，勉强进了鹿儿岛大学。但是，他不畏挫折，刻苦学习，成绩优秀。毕业后他希望进入一家好企业，却遇上朝鲜战争后的经济萧条，只好进了随时可能破产的京都的一家绝缘体公司。他拼死努力，取得了卓越的研究成果，但在公司内部，他却被放在京都大学毕业的员工之下。

无论怎么努力都无法如意，这样的境遇，一个接一个的挫折，锻炼了稻盛的心。稻盛自己也说，如果没有这些艰难的体验，就绝不会有今天的稻盛。从这里得出的结论是：并不是每个人都具备可能性，可以作为经营者获得成功。只有肩负宿命的人，才能成为经营者。

这一"经营者宿命论"，同样适用于松下幸之助，稻盛曾经向他学习。

幸之助事业的原动力，最初来自对金钱的欲望。

在贫穷的谷底成长的幸之助，9 岁便外出当学徒。后来，家里的亲人又一个个因病死去。因为尝尽了难以言表的苦难，幸之助认为，只要实现经济上的富裕，就可以获得幸福。

幸之助的内弟，为公司的发展做出贡献同时又是三洋电机创始人的井植岁男先生说："我从来不认为，年轻时的松下是个杰出人物，是非常有才能的男人。不过，他的工作热情确是超于常人的。"⊖

1932 年，幸之助应邀访问了位于奈良县的天理教总部。在那里，看到天理教的信徒们生气勃勃的工作状态，幸之助顿悟了："为社会使命而工作才能获取幸福。"当时他 37 岁，距离创业大约已过去了 15 年。那一刻，幸之助的心态从强烈的利己转换到了强烈的利他。这一年被命名为"知命元年（知道使命的第一年）"。以这一年为界，幸之助开始深化思想，成了我们所知道的"经营之神"。

任何人的人生都不可能一帆风顺。关键是如何面对人生的不幸与逆境。不要向旁躲避，不要向后退缩，而要迎难而上。这样积累到一定程度，作为经营者就会觉醒。

⊖ 约翰·科特所著的《幸之助论》。

　　在本书中，稻盛先生强调"要求经营者具备优秀的人格"。对于这样的观点，或许有人无法由衷地认同。但是，我认为，能够引领这个激荡世界的人，才是真正的领导者。

北方雅人

《日经总裁》总编辑

盛和塾

稻盛和夫经营研究中心（"盛和塾"）是企业经营者学习、亲身实践稻盛和夫的人生哲学、经营哲学与实学、企业家精神之真髓的平台。塾生通过相互切磋、交流，达到事业隆盛与人德和合，成为经济界的中流砥柱、国际社会公认的模范企业家。

1983 年，京都的年轻企业家们向稻盛先生提出了一个愿望——"给我们讲解应该如何开展企业经营"。以此为契机，由 25 名经营者组成的学习会启动了。至 2019 年底，全世界"盛和塾"已发展到 104 个分塾，除日本外，美国、巴西、中国、韩国相继成立了分塾。

2007 年，曹岫云先生率先发起成立中国大陆地区第一家盛和塾——无锡盛和塾，并任首任会长。

2010 年，稻盛先生亲自提议成立稻盛和夫（北京）

管理顾问有限公司（以下简称"北京公司"），作为总部负责中国盛和塾的运营。

北京公司成立之初，稻盛先生即决定在中国召开塾长例会，即稻盛和夫经营哲学报告会，后更名为盛和塾企业经营报告会。2010 年至今，13 届盛和塾企业经营报告会先后举办。盛和塾企业经营报告会已成为一年一度企业经营者学习、交流稻盛经营学的盛会。

2019 年底，稻盛先生宣布关闭世界范围内的盛和塾，仅保留中国的盛和塾继续运营。2020 年 11 月 14～15 日，盛和塾第 13 届企业经营报告会在郑州举办，稻盛经营学研究者、实践者做现场发表，3000 余名企业经营者现场参加了会议。

盛和塾成立 30 多年来，不仅会员人数不断增加，学习质量也不断提高，其中有 100 多位塾生，他们的企业已先后上市。这么多的企业家，在这么长的时间内，追随稻盛和夫这个人，把他作为自己经营和人生的楷模，这一现象，古今中外，十分罕见。

盛和塾的使命：帮助企业家提高心性、拓展经营，实现员工物质与精神两方面的幸福，助力中华民族伟大复兴，促进人类社会进步发展。

盛和塾的愿景：让幸福企业遍华夏。

盛和塾的价值观：努力、谦虚、反省、感恩、利他、乐观。

盛和塾公众号　　　盛和塾官方网站　　　稻盛和夫线上课堂